CW01669734

PRAGUE

EN QUELQUES JOURS

Marc Di Duca,
Mark Baker, Neil Wilson

Dans ce guide

L'essentiel

Pour aller droit au but et découvrir la ville en un clin d'œil.

Les basiques
À savoir avant de partir

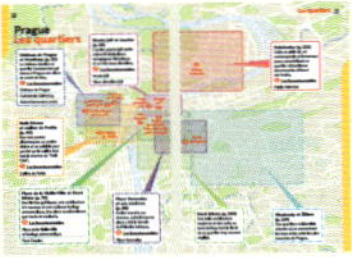

Les quartiers
Se repérer

Explorer Prague

Sites et adresses quartier par quartier.

Les incontournables
Pour tirer le meilleur parti de votre visite

100% pragois
Vivre comme un habitant

Prague selon ses envies

Les meilleures choses à voir, à faire, à tester...

Les plus belles balades
Découvrir la ville à pied

Envie de...
Le meilleur de Prague

Carnet pratique

Trucs et astuces pour réussir votre séjour.

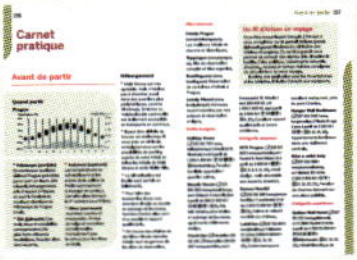

Hébergment
Une sélection d'hôtels

Transports et infos pratiques

Notre sélection de lieux et d'adresses

- **Voir**
- **Se restaurer**
- **Prendre un verre**
- **Sortir**
- **Shopping**

Légende des symboles

- Numéro de téléphone
- Horaires d'ouverture
- Parking
- Non-fumeur
- Accès Internet
- Wi-Fi
- Végétarien
- Familles bienvenues
- Animaux acceptés
- Bus
- Bateau
- Métro
- Tramway
- Train

Retrouvez facilement chaque adresse sur les plans de quartiers

Prague en quelques jours

Les guides En quelques jours édités par Lonely Planet sont conçus pour vous amener au cœur d'une ville.

Vous y trouverez tous les sites à ne pas manquer, ainsi que des conseils pour profiter de chacune de vos visites. Nous avons divisé Prague en quartiers, accompagnés de plans clairs pour un repérage facile. Nos auteurs expérimentés ont repéré les meilleures adresses : restaurants, boutiques, bars, promenades, boutiques… Et pour aller plus loin, découvrez les endroits les plus insolites et authentiques de Prague dans les pages "100% pragois".

Ce guide contient également tous les conseils pratiques pour éviter les casse-tête : itinéraires pour visites courtes, moyens de transport, montant des pourboires, etc.

Grâce à toutes ces infos, soyez sûr de passer un séjour mémorable.

Notre engagement

Les auteurs Lonely Planet visitent en personne, pour chaque édition, les lieux dont ils s'appliquent à faire un compte-rendu précis. Ils ne bénéficient en aucun cas de rétribution ou de réduction de prix en échange de leurs commentaires.

L'essentiel 7

Explorer Prague 21

Vaut le détour

Prague selon ses envies 133

Les plus belles balades

Envie de...

Carnet pratique 155

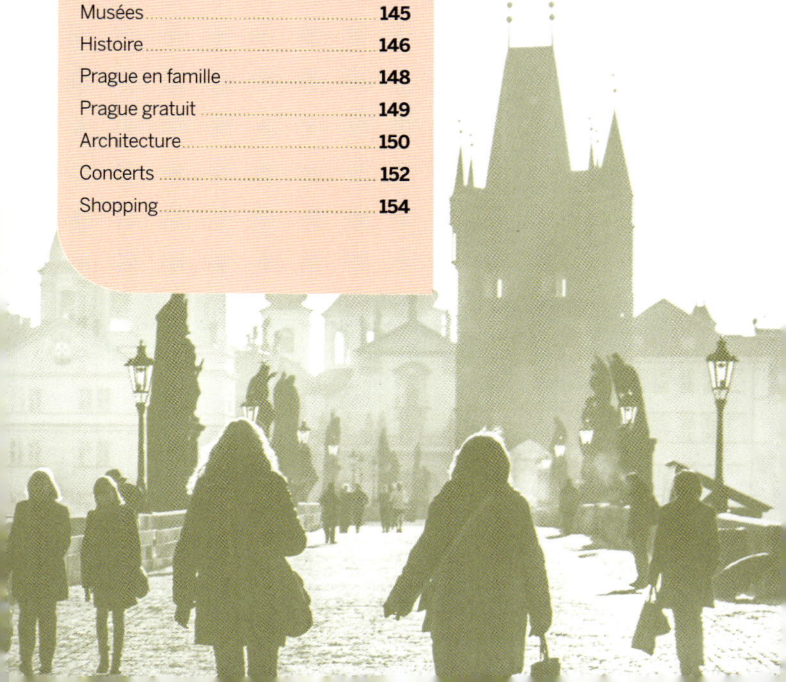

L'essentiel

Bienvenue à Prague !

Il y a près de trente ans, la "révolution de Velours" levait le voile sur ce dédale envoûtant de ruelles pavées. Aujourd'hui, la ville aux cent clochers charme les visiteurs avec sa spectaculaire architecture gothique, ses cafés richement décorés, sa scène artistique avant-gardiste et, bien entendu, le majestueux château de Prague, qui domine la capitale tchèque de sa haute silhouette tout droit sortie d'un conte de fées.

Horloge astronomique et église Notre-Dame-de-Týn (p. 73), place de la Vieille-Ville de Prague

Prague
Les incontournables

XIONG WEI/SHUTTERSTOCK ©

Le château de Prague (p. 24)

Le monument phare de la capitale tchèque.

La cathédrale Saint-Guy (p. 30)

Joyau du château de Prague dont les flèches gothiques tutoient le ciel.

JORISVO/SHUTTERSTOCK ©

La place de la Vieille-Ville et l'horloge astronomique
(p. 72)

La place historique et son horloge astronomique.

Le pont Charles
(p. 74)

Superbe pont de pierre qui enjambe la Vltava.

Le Musée juif (p. 58)

Musée occupant six anciens sites juifs.

MAZIARZ/SHUTTERSTOCK ©

Le vieux cimetière juif (p. 60)

Petit cimetière et ses 12 000 pierres tombales à l'enchevêtrement poétique.

MARCO VARRONE500PX ©

PYTY/SHUTTERSTOCK ©

Notre-Dame-de-Lorette (p. 32)

Lieu de pèlerinage baroque.

La colline de Petřín (p. 42)

Charmante butte verdoyante du centre-ville culminant à 318 m.

VARNAKOVR/SHUTTERSTOCK ©

INTREPIX/SHUTTERSTOCK ©

IMAGE COURTESY OF THE NATIONAL GALLERY IN PRAGUE ©

La place Venceslas (p. 90)

Vaste place commerçante au cœur de la ville, dominée par la statue équestre de saint Venceslas.

Le palais Veletržní (p. 124)

Bâtiment fonctionnaliste à l'impressionnante collection d'œuvres d'art modernes et contemporaines.

100% pragois
Vivre comme un habitant

Conseils d'initiés pour découvrir le vrai Prague

Réputés calmes et décontractés, les Tchèques aiment se promener avec leur chien et se retrouver autour d'un verre dans un bar en plein air. Après avoir visité le château de Prague et arpenté le pont Charles, rejoignez les Pragois dans leurs parcs favoris, leurs quartiers de résidence et leurs bars de prédilection.

PHB.CZ (RICHARD SEMIK)/SHUTTERSTOCK ©

Jardins de Malá Strana (p. 44)

☑ Agréable oasis urbaine
☑ Lieu de pique-nique

SHANTI HESSE/SHUTTERSTOCK ©

Bars et pubs de Vinohrady et Žižkov (p. 112)

☑ Vie nocturne animée ☑ Bars branchés

Vyšehrad, l'autre château de Prague (p. 108)

☑ Ancienne forteresse et cimetière ☑ Vue sur la rivière et le château

© ANDREW KOTURANOV/SHUTTERSTOCK

© KAPRIK/SHUTTERSTOCK

Bière et culture à Smíchov (p. 54)

☑ Art alternatif et avant-gardiste ☑ Bars sans prétention

Autres lieux pour vivre le Prague des Pragois :

- Kavárna Velryba (p. 106)
- Île de Kampa (p. 45)
- Riegrovy sady (p. 117)
- Centre d'art contemporain DOX (p. 131)
- Parc Stromovka (p. 128)
- Marché de producteurs de Náplavka (p. 107)
- Lehká Hlava (p. 80)
- Quartier de Nový Svět (p. 36)

Prague en 4 jours

1er jour

Si vous n'êtes à Prague que pour la journée, concentrez-vous sur les sites majeurs. Démarrez de bon matin pour voir l'**horloge astronomique** (p. 73) s'animer à l'heure pile puis flânez sur la **place de la Vieille-Ville** (p. 72) caractérisée par son éventail spectaculaire de styles architecturaux et les flèches de **Notre-Dame-de-Týn** (p. 73). Régalez-vous avec un café et une viennoiserie au **Bakeshop Praha** (p. 65) avant une courte promenade à travers **Josefov** (p. 56), l'ancien ghetto. Vous n'aurez pas le temps de visiter le **Musée juif** (p. 58), mais vous pourrez néanmoins en ressentir l'âme.

Flânez dans les ruelles de la Vieille Ville pour rejoindre l'ouvrage le plus emblématique de Prague, le **pont Charles** (p. 74). En traversant ce pont de pierre décoré de statues, immortalisez la Vltava sur fond du **château de Prague** (p. 24). Remontez **Nerudova** (p. 48) jusqu'au château en passant par Malá Strana et consacrez l'après-midi à la **cathédrale Saint-Guy** (p. 30), ainsi qu'aux jardins du château.

Pour le dîner, vous pouvez vous offrir un dîner avec vue à la **Villa Richter** (p. 37), à proximité du château, ou redescendez dans Malá Strana pour un dîner tchèque haut de gamme chez **Augustine** (p. 49).

2e jour

Passez la matinée à explorer les ruelles pittoresques de Malá Strana, l'un des plus anciens quartiers de la ville, et le **parc de Kampa** (p. 45). Empruntez le **funiculaire de Petřín** (p. 43) pour profiter de la vue qui s'offre depuis la **tour d'observation** (p. 43) au sommet de la colline. De là, trouvez le petit sentier tranquille qui rejoint le **monastère de Strahov** (p. 35) puis redescendez dans **Nerudova** (p. 48), en vous arrêtant à l'élégant **jardin Wallenstein** (p. 45), au pied de la colline. Vous pourrez vous amuser de la sculpture **Proudy** (p. 45) avant de vous offrir un déjeuner au bord de l'eau au **Hergetova Cihelná** (p. 50).

Gagnez l'autre rive via le pont Mánes pour visiter les synagogues du **Musée juif** (p. 58), puis installez-vous sur le balcon du **Grand Café Orient** (p. 82), installé dans un bâtiment à l'architecture cubiste, pour une part de gâteau et un café.

Renseignez-vous à la billetterie du **Théâtre national** (p. 105) pour savoir si des places de dernière minute sont disponibles pour un opéra ou un ballet. Avant la représentation, offrez-vous un repas léger au **Café Louvre** (p. 105) et, après le spectacle, finissez la soirée en beauté au **Hemingway Bar** (p. 84) ou au **Tretter's New York Bar** (p. 66).

Votre temps est compté ?
Nous avons concocté pour vous des itinéraires qui vous permettront d'optimiser le peu de temps dont vous disposez.

3e jour

Commencez la journée par un café au fameux **Kavárna Slavia** (p. 105), à l'une des tables qui donnent sur le château de Prague, de l'autre côté du fleuve. Rejoignez l'**île Slave** (p. 103) et louez une embarcation pour une balade sur la rivière avant d'aller admirer les formes énergiques de la **Maison qui danse** (p. 103). De là, remontez Národní třída jusqu'à la **place Venceslas** (p. 90), en prenant le temps d'admirer les sites alentour, notamment le **Musée national** (p. 95, en cours de rénovation), le **mémorial à Jan Palach** (p. 91) et la **statue de Venceslas** (p. 91). Vous pourrez déjeuner de tapas à **Room** (p. 95) ou de hamburgers chez **Jáma** (p. 96).

De là, il est facile de se rendre en métro à Vyšehrad pour se promener dans les ruines de sa **citadelle** (p. 108) et rendre hommage aux enfants célèbres du pays, notamment le compositeur Antonín Dvořák et l'artiste Alfons Mucha, tous deux enterrés dans son **cimetière** (p. 109).

Revenez vers la ville et passez la soirée à Vinohrady et Žižkov dans l'un des excellents restaurants du quartier, comme **Aromi** (p. 117) ou **Kofein** (p. 118), à moins que vous ne préfériez simplement aller prendre un verre au **café en plein air de Riegrovy sady** (p. 113).

4e jour

Pour voir Prague sous un autre angle, partez de la **place de la Vieille-Ville** (p. 72) par l'élégante Pařížská, traversez le pont tchèque (Čechův most) et grimpez jusqu'aux **jardins de Letná** (p. 127), d'où l'on jouit d'une vue superbe. Faites une pause au **café en plein air des jardins de Letná** (p. 129).

Le **Musée technique national** (p. 127) – parfait si vous avez des enfants – est à quelques pas. Déjeunez à **Kumbal** (p. 130), puis allez admirer les collections du plus méconnu musée d'art de Prague au **palais Veletržní** (p. 124). S'il vous reste un peu d'énergie (et de temps), vous pourrez vous offrir une promenade au **parc Stromovka** (p. 128), l'un des plus beaux écrins de verdure de la ville.

Revenez vers le café en plein air de Letná pour profiter d'un verre avant de revenir en ville, afin de finir votre séjour par un dîner haut de gamme à **Kalina** (p. 80), puis un concert de jazz dans un club, comme l'**AghaRTA Jazz Centrum** voisin (p. 84) ou l'historique **Reduta Jazz Club** (p. 106). Pour plus de calme, vous pouvez également rejoindre la terrasse sur le toit d'**U Prince** (p. 79) afin de lever votre verre en l'honneur de ce magnifique séjour.

Les basiques

Reportez-vous au Carnet pratique (p. 155) pour plus d'informations

Monnaie
Couronne tchèque (Koruna česká ; Kč)

Langue
Tchèque

Formalités
Carte d'identité ou passeport pour les citoyens de l'UE et de Suisse, passeport pour les Canadiens séjournant moins de trois mois.

Argent
Nombreux DAB. Cartes de crédit largement acceptées dans les restaurants et les hôtels.

Téléphone portable
La République tchèque utilise le système européen GSM 900. Les Canadiens se renseigneront auprès de leur opérateur.

Heure locale
Heure de l'Europe centrale (GMT +1h en hiver ; +2h en été). Même fuseau horaire que la France, la Belgique et la Suisse. Lorsqu'il est 12h à Prague, il est 6h à Montréal.

Pourboire
Il est d'usage d'arrondir la note des bars, cafés et restaurants, et le prix de la course des taxis aux 50 ou 100 Kč supérieures si le service a été bon.

1 Avant de partir

Budget quotidien

Moins de 80 €

- Lit en dortoir 10-20 €
- Supermarchés où faire ses courses
- Sites touristiques majeurs 10 €

De 80 à 150 €

- Chambre double 120-160 €
- Dîner trois plats et vin 30-40 €

Plus de 150 €

- Chambre double ou suite dans un hôtel de luxe 200-260 €
- Dîner quatre plats dans un restaurant haut de gamme 90 €

Sites Web

- **Lonely Planet** (www.lonelyplanet.fr). Renseignements, forum de voyageurs, etc.
- **Prague City Tourism** (www.prague.eu/fr; en français). Le portail officiel du tourisme à Prague.
- **Prague.com** (www.prague.com). Guide de la ville et réservation d'hôtels.
- **Transports publics de Prague** (www.dpp.cz ; en anglais). Très pratique pour organiser ses déplacements.

À prévoir

Trois mois avant Réservez votre hébergement si la visite est prévue en haute saison.

Un mois avant Faites vos réservations pour les restaurants haut de gamme.

Une semaine avant Réservez les restaurants pour le vendredi ou samedi soir afin de vous assurer d'avoir une table. Consultez en ligne les programmes des musées, des clubs de jazz et des lieux de concerts.

2 Arriver à Prague

L'aéroport et la gare sont tous deux bien desservis par les transports en commun et les taxis.

De l'aéroport de Prague-Václav-Havel

Destination	Meilleur moyen de transport
Vieille Ville	Taxi ou bus jusqu'à la station de métro Nádraží Veleslavín, puis correspondance pour Staroměstská
Malá Strana et Hradčany	Taxi ou bus n°119 jusqu'à la station de métro Nádraží Veleslavín, puis correspondance pour Malostranská
Place Venceslas	Taxi ou bus Airport Express (AE) jusqu'au quartier de la gare de Praha hlavní Nádraží
Vinohrady et Žižkov	Taxi ou bus n°119 jusqu'à la station de métro Nádraží Veleslavín, puis correspondance pour Náměstí Míru ou Jiřího z Poděbrad

De la gare de Praha hlavní nádraží

Destination	Meilleur moyen de transport
Vieille Ville	Métro ligne C jusqu'à Muzeum puis ligne A jusqu'à Staroměstská
Malá Strana et Hradčany	Métro ligne C jusqu'à Muzeum puis ligne A jusqu'à Malostranská (puis tramway jusqu'à Hradčany)
Place Venceslas	À pied (à deux rues de la gare)
Vinohrady et Žižkov	Métro ligne C jusqu'à Muzeum puis ligne A jusqu'à Náměstí Míru ou Jiřího z Poděbrad

3 Comment circuler

Prague possède des transports publics abordables et efficaces. Les visiteurs arrivent à se rendre à peu près partout en métro, en tramway ou à pied.

Métro

Les rames, rapides et fréquentes, circulent de 5h à minuit. La ligne A (verte) est la plus utile pour les touristes. De Nádraží Veleslavín (correspondance pour l'aéroport), elle dessert le château de Prague, Malá Strana, la place de la Vieille-Ville, la place Venceslas et Vinohrady.

Tramway

Emprunter les vieux tramways rouges pragois constitue une expérience culturelle en soi. Ils fonctionnent de 5h à minuit. Parmi les lignes utiles figurent la 22 (château de Prague, Malá Strana, pont Charles, Nové Město et Vinohrady), les 17 et 18 (quartier juif et place de la Vieille-Ville) et la 11 (Žižkov et Vinohrady). Les tramways de nuit (numérotés de 91 à 99) circulent toutes les 40 minutes environ.

Taxi

Le taxi s'avère pratique quand on est pressé, mais attention aux entourloupes. Privilégiez les stations de taxis signalées par la mention "Taxi Fair Place", dont les gérants garantissent le prix et le professionnalisme des conducteurs. Les chauffeurs peuvent facturer un tarif minimal et sont tenus de chiffrer approximativement le prix de la course avant de partir. Veillez à bien connaître le taux de change officiel si un chauffeur vous propose de le régler en monnaie étrangère.

Prague
Les quartiers

Château de Prague et Hradčany (p. 22)

Le château domine ce quartier haut-perché qui donne à Prague son allure de conte de fées.

Les incontournables

- Château de Prague
- Cathédrale Saint-Guy
- Notre-Dame-de-Lorette

Musée juif et Josefov (p. 56)

L'ancien ghetto juif abrite aujourd'hui plusieurs synagogues historiques et un très beau cimetière.

Les incontournables

- Musée juif
- Vieux cimetière juif

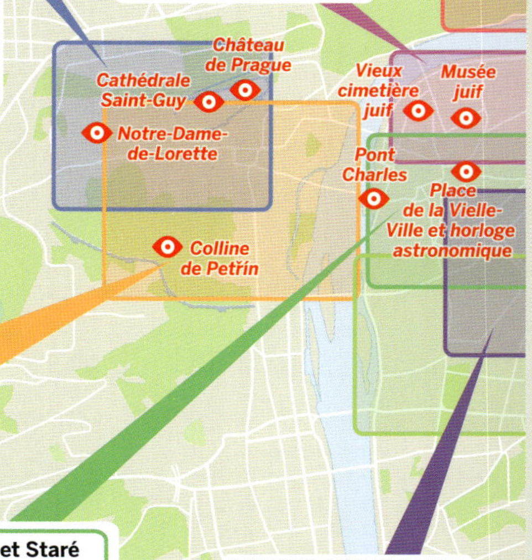

Malá Strana et colline de Petřín (p. 40)

Des rues pavées pittoresques, un ancien cloître et un paisible parc perché sur la colline font tout le charme du "Petit Côté".

Les incontournables

- Colline de Petřín

Place de la Vieille-Ville et Staré Město (p. 70)

Des flèches gothiques, une architecture Art nouveau et une curieuse horloge astronomique. Une place aussi ancienne que haute en couleurs.

Les incontournables

- Place de la Vieille-Ville et horloge astronomique
- Pont Charles

Place Venceslas et ses environs (p. 88)

Ancien marché aux chevaux, cette immense place a été le témoin de l'histoire tchèque.

Les incontournables

- Place Venceslas

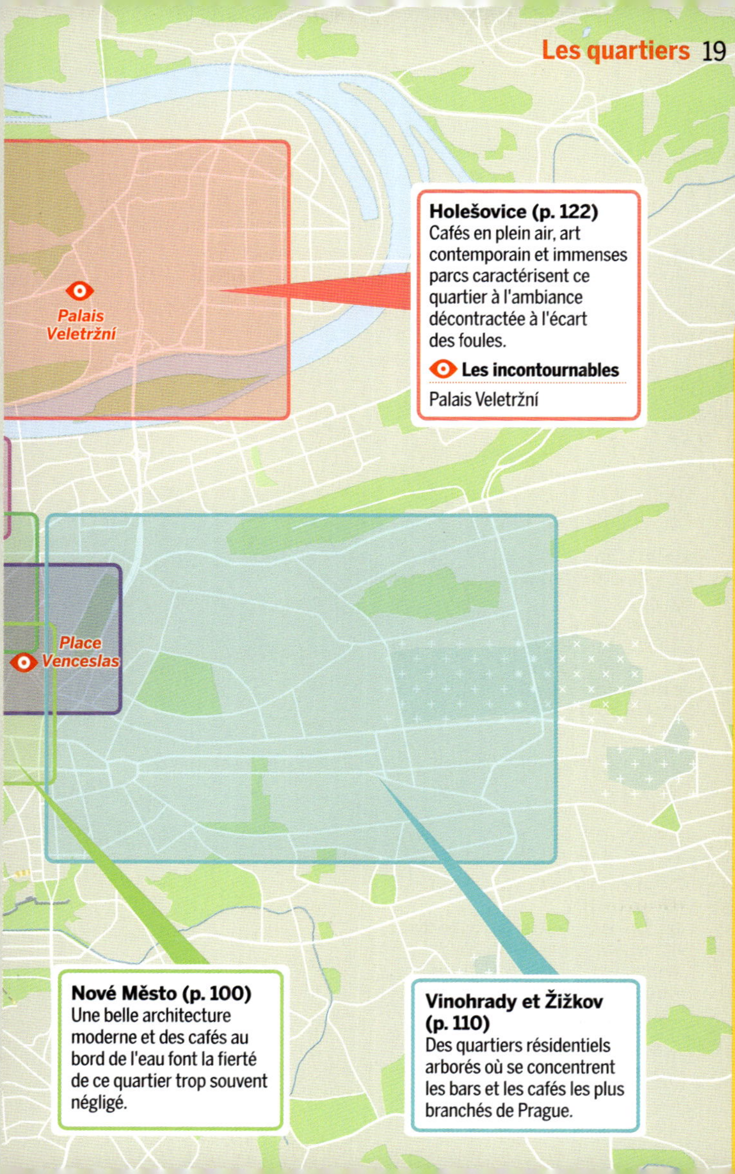

Holešovice (p. 122)
Cafés en plein air, art contemporain et immenses parcs caractérisent ce quartier à l'ambiance décontractée à l'écart des foules.

Les incontournables

Palais Veletržní

Nové Město (p. 100)
Une belle architecture moderne et des cafés au bord de l'eau font la fierté de ce quartier trop souvent négligé.

Vinohrady et Žižkov (p. 110)
Des quartiers résidentiels arborés où se concentrent les bars et les cafés les plus branchés de Prague.

Explorer Prague

Vaut le détour

Le pont Charles (p. 74)

Explorer

Château de Prague et Hradčany

Les flèches de la cathédrale Saint-Guy, qui s'élèvent au cœur du château, sont presque toujours visibles quel que soit l'endroit où l'on se trouve en ville. Aux portes du château, le quartier ancien de Hradčany, né au XIVe siècle, se prête à une agréable balade dans ses petites ruelles pavées à la découverte des nombreux palais et édifices historiques, témoignages de son riche passé.

L'essentiel en un jour

Mieux vaut se lever tôt pour partir à l'assaut du **château de Prague** – et prenez votre petit-déjeuner avant de vous rendre sur place car il y a peu d'établissements ouverts tôt le matin dans le périmètre. Commencez par la **cathédrale Saint-Guy** (p. 30) pour l'admirer avant l'arrivée des foules. Visitez ensuite l'**ancien palais royal** (p. 25) et la **ruelle d'Or** avant de vous accorder une pause dans les **jardins royaux** (p. 26). Regagnez l'entrée du château pour assister à la relève de la garde à midi.

Après le déjeuner, cap sur **Notre-Dame-de-Lorette** (p. 32). La visite guidée (audioguide) vous fera découvrir ses principaux monuments, dont la **Santa Casa** et l'**église de la Nativité**. Passez le reste de l'après-midi à explorer la collection d'art européen de la galerie nationale au **palais Šternberg** (p. 36) ou les salles de théologie et de philosophie du **monastère de Strahov** (p. 35). Vous pourrez également jeter un œil au **musée des Miniatures** (p. 35), situé juste à côté.

Hradčany est très calme de nuit, mais vous pourrez combiner une promenade en fin d'après-midi dans le quartier de **Nový Svět** (p. 36) avec un dîner romantique à **U Zlaté Hrušky** (p. 38) ou un repas chic à la **Villa Richter** (p. 37).

Les incontournables

Château de Prague (p. 24)
Cathédrale Saint-Guy (p. 30)
Notre-Dame-de-Lorette (p. 32)

Le meilleur du quartier

Art

Galerie de peintures du château de Prague (p. 25)
Palais Šternberg (p. 36)
Vitraux de la cathédrale Saint-Guy (p. 31)

Gratuit

Enceinte et jardins du château de Prague (p. 24)
Quartier de Nový Svět (p. 36)

Histoire

Tombeau de saint Jean Népomucène (p. 31)
Soleil de Prague (p. 33)
Monastère de Strahov (p. 35)

Restaurants

U Zlaté Hrušky (p. 38)
Villa Richter (p. 37)
Café du palais Lobkowicz (p. 37)

Comment y aller

Métro Ligne A jusqu'à Malostranská puis monter les marches.

Tramway Ligne 22 jusqu'à Pražský hrad puis 5 minutes à pied ou jusqu'à Pohořelec puis descendre la colline.

Les incontournables
Château de Prague

Le château de Prague – *hrad* pour les Pragois – fut fondé au IXe siècle par Bořivoj Ier de Bohême, premier de la lignée des Přemyslides. Il s'agrandit ensuite au fil des ajouts des souverains ultérieurs et subit quatre grands remaniements, d'où une profonde diversité architecturale. Ses murs abritent un ensemble fascinant de bâtiments historiques, de musées et de galeries. Il a servi de résidence à de nombreux dirigeants tchèques, à l'exception notable de Václav Havel, premier président de l'ère postsoviétique, qui, en 1989, lui préféra le confort de sa propre maison.

Plan p. 34, D2

www.hrad.cz

Hradčanské náměstí 1

enceinte gratuite, circuits A et C tarif plein/réduit 350/175 Kč, circuit B 250/125 Kč

enceinte 6h-22h, sites 9h-17h avr-oct, 9h-16h nov-mars, jardins 10h-18h avr-oct

M Malostranská, 22

Entrée principale du château de Prague

Entrée du château

Sur la place de Hradčany, l'entrée principale du château est flanquée de statues de géants en lutte, du XVIIIe siècle, à côté desquels les gardes semblent bien petits. Le dramaturge et président Václav Havel demanda au costumier du film *Amadeus* (de Miloš Forman) de redessiner leurs uniformes et instaura une cérémonie de relève. La plus intéressante se déroule à midi.

Galerie de peintures du château de Prague

En 1648, des envahisseurs suédois pillèrent la collection d'art de l'empereur Rodolphe II (et dérobèrent les statues originales en bronze du jardin Wallenstein). La **galerie** (adulte/enfant 100/50 Kč ; entrée incluse dans le billet du circuit C ; 9h-17h avr-oct, 9h-16h nov-mars ; 22) installée dans ces écuries Renaissance reconverties abrite ce qu'il en reste, parmi des œuvres de peintres tels Rubens, le Tintoret et Titien.

Monolithe de Plečnik

Dans la troisième cour, près de la cathédrale Saint-Guy, ce monolithe de granit dédié aux victimes de la Première Guerre mondiale a été conçu par l'architecte slovène Jože Plečnik en 1928. Non loin, se dresse une copie de la statue de saint Georges terrassant le dragon.

Ancien palais royal

On y va surtout pour la **salle Vladislav** (Vladislavský sál ; 1493-1502), avec sa voûte gothique, œuvre de Benedikt Rejt, sous laquelle tous les présidents de la République ont prêté serment. Un balcon offre une vue magnifique sur la ville, tandis qu'une porte mène à l'ancienne chancellerie de Bohême, où eut lieu la deuxième défenestration de Prague en 1618, événement déclencheur de la guerre de Trente Ans.

À savoir

- Les sites du château ouvrent leurs portes à 9h ; soyez-y un peu avant pour éviter la foule.
- Il faut au moins une demi-journée pour visiter les lieux.
- Des visites guidées en français peuvent être réservées en appelant le 224 373 584. Elles durent 1 heure environ et partent des centres d'information. Il existe aussi un service d'audioguide.
- Le site www.kulturanahrade.cz donne un agenda des différentes manifestations culturelles organisées au château.

Une petite pause ?

Plusieurs établissements répartis autour du château permettent de prendre un verre. Notre préféré (où il est également possible de déjeuner) est le ravissant café du palais Lobkowicz (p. 37), au rez-de-chaussée du palais.

Histoire du château de Prague

Cette exposition compte parmi les plus intéressantes du château, avec une collection extraordinaire d'armures, de bijoux, de verreries, de meubles et autres objets retraçant l'histoire et l'évolution du château sur plus d'un millénaire. L'une des "pièces" les plus mémorables est le squelette d'un combattant du IXe siècle, toujours enfoui dans la terre où les archéologues l'ont découvert, dans les fondations du château.

Basilique Saint-Georges

Derrière une façade de brique rouge baroque, ajoutée au XVIIIe siècle, se cache l'église romane la mieux préservée du pays. La structure originale fut édifiée au Xe siècle par Vratislav Ier (père de saint Venceslas), enterré ici aux côtés de sainte Ludmilla. Un lieu apprécié pour les concerts qui y sont parfois donnés.

Ruelle d'Or

Construites au XVIe siècle pour loger les gardes du château, les maisonnettes de cette allée pavée se visitent à nouveau après une longue rénovation. Elles hébergèrent également des orfèvres (à qui la ruelle doit son nom) ainsi que des artistes. Franz Kafka passa l'automne 1916 au n°22 de la rue, chez sa sœur Ottla.

Palais Rosenberg

Ancienne demeure de la famille Rosenberg, ce palais Renaissance du XVIe siècle a été transformé par l'impératrice Marie-Thérèse en institut pour les dames de la noblesse sans ressources et sans époux – jusqu'à 30 protégées pouvaient y loger. Des pièces ont été recréées afin de donner un aperçu du cadre de vie – plutôt cossu – de ces pensionnaires au XVIIIe siècle.

Palais Lobkowicz

Ce **palais** (Lobkovický palác ; ☎233 312 925 ; www.lobkowicz.com ; Jiřská 3 ; tarif plein/réduit/famille 275/200/690 Kč ; ⏲10h-18h lun-ven, 9h-18h sam-dim ; 🚋22) du XVIe siècle abrite un musée privé où se côtoient peintures (Cranach, Bruegel l'Ancien, Canaletto, Piranèse...), meubles et documents anciens liés à l'histoire de la musique. On peut ainsi voir des partitions originales annotées par Mozart et Beethoven, ainsi qu'un riche ensemble d'instruments de musique. Un audioguide, enregistré par le propriétaire, William Lobkowicz, et sa famille, vous accompagne tout au long de la visite – ce lien intime donne vie au musée et fait de ce palais l'un des sites les plus intéressants du château.

Jardins royaux

Une porte côté nord de la deuxième cour mène au **pont Poudrier** (Prašný most), datant de 1540, qui enjambe le **fossé aux Cerfs** (Jelení příkop) et conduit aux vastes jardins royaux créés par Ferdinand Ier en 1534 dans un style Renaissance. Leur bâtiment le plus remarquable est la maison du **Jeu de paume** (Míčovna ; 1569), un chef-d'œuvre Renaissance décoré de sgraffites – de l'italien *sgraffito*, "griffé", cette technique consiste à graver des motifs sur une couche de mortier. À l'est, le **palais d'Été** (Letohrádek), érigé entre

Comprendre

Rois et châteaux

L'histoire royale de Prague est émaillée d'épisodes tragiques, entre défenestrations au château et condamnations au bûcher.

Origines

Le nom de "Bohême", qui désigne encore aujourd'hui les provinces occidentales de la République tchèque, vient de la tribu celte des Boïens, qui vivaient dans la région de Prague depuis plusieurs siècles avant l'arrivée des Slaves, autour du VIe siècle. La dynastie des Přemyslides, au IXe siècle, est restée célèbre pour avoir construit la partie la plus ancienne du château actuel.

L'âge d'or

Après l'extinction de la dynastie des Přemyslides, Prague passe sous le contrôle de l'empereur romain germanique Charles IV (1316-1378) et connaît une période d'épanouissement. Charles, tchèque par sa mère, confère à la ville un statut impérial. Il fonde la Nouvelle-Ville (Nové Město) et dote Prague de nombreux édifices dont le pont Charles, l'université Charles et, dans l'enceinte du château, la cathédrale Saint-Guy.

Au XVe siècle, un mouvement mené par le réformateur Jan Hus, recteur à l'université de Prague, dénonce la corruption au sein de l'Église catholique. Accusé d'hérésie, Hus est condamné au bûcher à Constance en 1415. Sa mort entraînera des décennies de luttes entre catholiques et hussites.

Le règne des Habsbourg

En 1526, la Bohême passe sous le contrôle de l'empire d'Autriche, dirigé par les Habsbourg. Désireux de restaurer la primauté de l'Église catholique, ces derniers vont s'aliéner la majorité des Tchèques protestants. En 1618, des représentants des États de Bohême défenestrent deux conseillers catholiques au château, déclenchant la guerre de Trente Ans (1618-1648) qui embrase l'Europe entière. L'aristocratie tchèque est défaite en 1620 à la bataille de la Montagne Blanche (Bílá Hora). Les Tchèques perdent leur indépendance. Ils ne la retrouveront que trois siècles plus tard.

Château de Prague

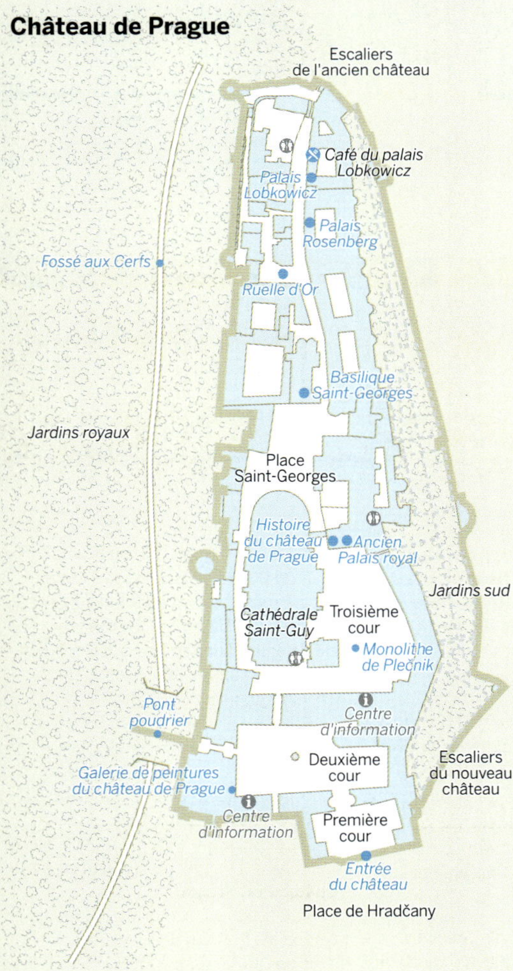

Basilique Saint-Georges

1538 et 1563, est l'un des plus beaux exemples de bâtiments Renaissance hors d'Italie. À l'ouest s'étend l'ancienne **école d'équitation** (Jízdárna) qui date de 1695.

Jardins sud

Les trois jardins alignés sous la muraille sud du château – le **jardin du Paradis**, le **jardin Hartig** et le **jardin sur les remparts** – offrent une vue splendide sur les toits de Malá Strana. L'entrée se fait par l'ouest via les marches du nouveau château, ou par l'est, via celles de l'ancien château.

Visite du château de Prague

Plusieurs types de billets (chacun valable 2 jours) permettent d'accéder aux sites du château de Prague.

Circuit A - long : (adulte/enfant/famille 350/175/700 Kč, sites du circuit B inclus) – tour Poudrière, palais Rosenberg et exposition "L'histoire du château de Prague". Lors de nos recherches, la tour Poudrière était fermée pour travaux jusqu'à l'été 2018.

Circuit B - court : (adulte/enfant/famille 250/125/500 Kč) – cathédrale Saint-Guy, ancien Palais royal, basilique Saint-Georges, ruelle d'Or et Daliborka.

Circuit C : (adulte/enfant/famille 350/175/700 Kč) – Exposition "Le Trésor de Saint-Guy", galerie de peintures du château de Prague.

Vous pouvez acheter votre billet auprès de l'un des deux centres d'information, dans les deuxième et troisième cours.

Les incontournables

Cathédrale Saint-Guy

La construction de la plus grande et de la plus célèbre église du pays débuta en 1344. D'apparence gothique, si l'on en juge ses flèches élancées, la cathédrale Saint-Guy demeura largement incomplète jusqu'à sa consécration tardive en 1929. L'édifice, où furent sacrés les rois de Bohême jusqu'au milieu du XIXe siècle, est désormais le siège de l'archevêché de Prague et la dernière demeure de grands hommes de la nation (rois, princes et même des saints).

Plan p. 34, D2

257 531 622

www.katedralasvatehovita.cz

Troisième cour, château de Prague

Entrée incluse dans la visite du château de Prague – circuits A et B

9h-17h lun-sam, 12h-17h dim avr-oct, 12h-16h nov-mars

22

Vitraux de la cathédrale

Vitraux

L'intérieur baigne dans la lumière colorée des vitraux créés au début du XXe siècle. Dans la troisième chapelle côté nord (sur la gauche en entrant), remarquez celui d'Alfons Mucha, qui dépeint la vie des saints Cyrille et Méthode.

Porte d'Or

L'entrée sud de la cathédrale, appelée Porte d'Or (Zlatá brána), est un élégant porche gothique à trois arches conçu par l'architecte Peter Parler (1330-1399). Elle est ornée d'une mosaïque figurant le Jugement dernier.

Oratoire royal

Les rois s'adressaient à leurs sujets du haut de ce balcon (1493) de style gothique tardif, décoré de nervures semblables à des branches d'arbres.

Tombeau de saint Jean Népomucène

Le spectaculaire tombeau de saint Jean Népomucène, tout en argent (le tombeau en contient 2 tonnes), est coiffé d'un dais porté par une escouade d'anges. La légende raconte que lors de l'exhumation du corps de ce prêtre martyr de nombreuses années après sa mort, sa langue était intacte. L'Église le canonisa et commanda ce tombeau pour y placer la dépouille.

Chapelle Saint-Venceslas

Les murs de la plus belle des chapelles latérales sont revêtus de panneaux dorés garnis de dalles de pierres polies semi-précieuses. Des fresques du début du XVIe siècle dépeignent des scènes de la vie du saint patron des Tchèques, tandis que des fresques plus anciennes traitent de la vie du Christ. Du côté sud, une petite porte (fermée par sept verrous) mène à la salle où sont conservés les joyaux de la Couronne de Bohême.

À savoir

- Faites de la cathédrale Saint-Guy votre première visite du matin, quand l'affluence est moindre.
- Pour une vue spectaculaire, gravissez les escaliers de la tour de la cathédrale. Cet accès n'est pas inclus dans les circuits du château.

Une petite pause ?

Avant d'affronter la foule, rien de tel qu'une tasse de thé au jasmin ou un repas léger au Malý Buddha (p. 38), en dehors du château, à quelques pas de l'entrée principale.

Les incontournables
Notre-Dame-de-Lorette

La “Loreta”, lieu de pèlerinage financé par la famille Lobkowicz en 1626, fut conçue autour d’une réplique de la Santa Casa (Sainte-Maison, résidence de la Vierge Marie) de Terre sainte. Selon la légende, la Sainte-Maison aurait été transportée par des anges jusqu’à Lorette (Loreto, en Italie) au moment où les Turcs allaient s’emparer de Nazareth.

Plan p. 34, B3

220 516 740

www.loreta.cz

Loretánské náměstí 7

Tarif plein/réduit/famille 150/80/310 Kč, permis photos 100 Kč

9h-17h avr-oct, 9h30-16h nov-mars

22

Santa Casa

La réplique de la Santa Casa se dresse dans une cour ceinte d'arcades, d'églises et de chapelles. L'intérieur arbore des fresques du XVIIe siècle, des reliefs sur la vie de la Vierge et un autel en argent ouvragé, doté d'une effigie en bois de Notre-Dame-de-Lorette.

Soleil de Prague

L'éblouissant trésor de Notre-Dame-de-Lorette a pour pièce maîtresse cet ostensoir époustouflant serti de 6 222 diamants, don de la comtesse Ludmila de Kolowrat au sanctuaire. Par testament, elle indiqua que l'objet devrait être réalisé à partir de sa collection personnelle de diamants, cadeaux de mariage de son troisième époux.

Église de la Nativité

Derrière le sanctuaire se dresse l'église baroque de la Nativité (Kostel Narození Páně), bâtie en 1737 selon les plans de Christophe Dientzenhofer. Elle renferme les corps momifiés des saintes espagnoles Felicissima et Marcia, richement habillées et portant des masques de cire.

La femme à barbe

À l'angle de la cour se dresse la chapelle de Notre-Dame-des-Douleurs (Kaple Panny Marie Bolestné), dotée d'une statue de sainte barbue. Sainte Starosta, pieuse fille d'un roi portugais, fut promise contre son gré au roi de Sicile. Après une nuit de prières destinées à empêcher cette union, elle se réveilla le visage gagné par la barbe. Furieux, son père la fit crucifier. Elle devint plus tard la patronne des nécessiteux et des malheureux.

À savoir

- La location d'un audioguide (150 Kč), disponible en plusieurs langues, vaut le coup.
- Le tarif Famille (310 Kč) est valable pour 2 adultes et jusqu'à 5 enfants de moins de 15 ans.
- Pour prendre des photos (flash et trépied interdits), il faut s'acquitter d'un permis de 100 Kč.
- Le clocher abrite un carillon de 27 clochettes qui jouent un hymne à la Vierge toutes les heures de 9h à 18h.

Une petite pause ?

Pour prendre un verre dans les environs, une seule adresse : le Hostinec U Černého Vola (p. 38), authentique.

Pour quelque chose de plus substantiel, comme un déjeuner ou un dîner, essayez U Zlaté Hrušky (p. 38), à proximité. En été, vous pourrez vous asseoir dans le jardin situé en face.

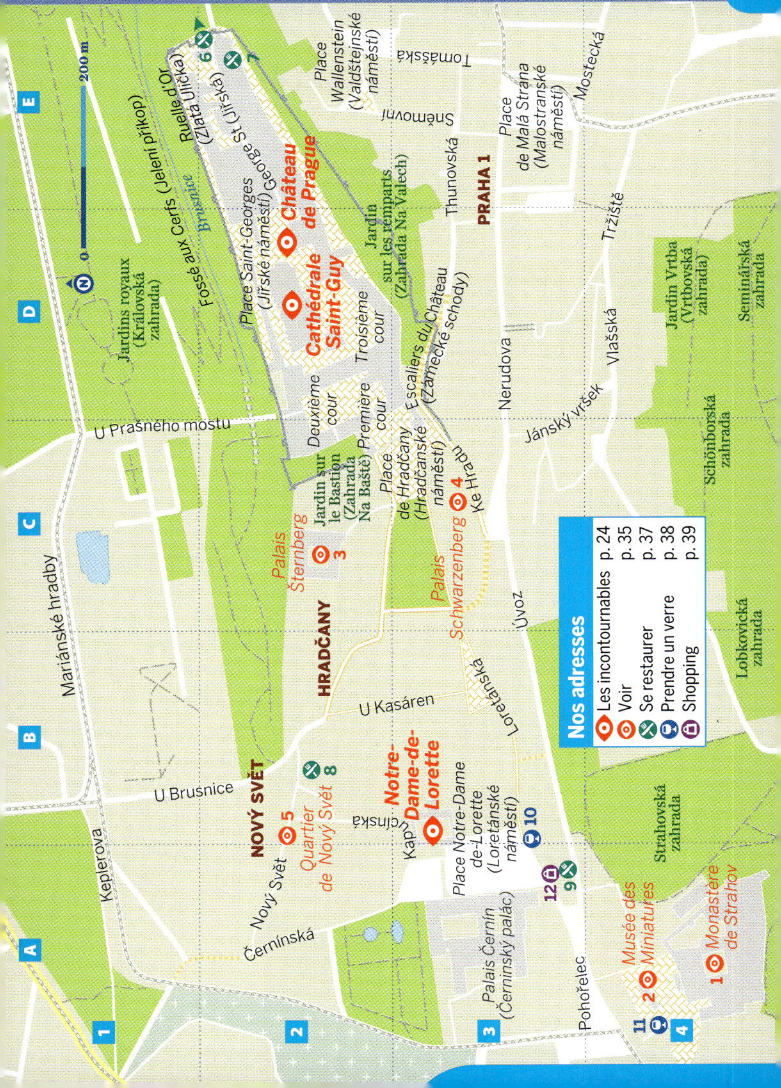
Nos adresses
Les incontournables p. 24
Voir p. 35
Se restaurer p. 37
Prendre un verre p. 38
Shopping p. 39
A
B
C
D
E
1
2
3
4
200 m
0
N
Château de Prague
Cathédrale Saint-Guy
Notre-Dame-de-Lorette
Palais Šternberg
Palais Schwarzenberg
Quartier de Nový Svět
Musée des Miniatures
Monastère de Strahov
HRADČANY
NOVÝ SVĚT
PRAHA 1
Jardins royaux (Královská zahrada)
Fossé aux Cerfs (Jelení příkop)
Brusnice
Ruelle d'Or (Zlatá Ulička)
St (Jiřská)
George
Place Saint-Georges (Jiřské náměstí)
Troisième cour
Deuxième cour
Première cour
Jardin sur le Bastion (Zahrada Na Baště)
Place de Hradčany (Hradčanské náměstí)
Escaliers du Château (Zámecké schody)
Jardin sur les remparts (Zahrada Na Valech)
Place Wallenstein (Valdštejnské náměstí)
Place de Malá Strana (Malostranské náměstí)
Place Notre-Dame de-Lorette (Loretánské náměstí)
Palais Černín (Černínský palác)
Jardin Vrtba (Vrtbovská zahrada)
Seminářská zahrada
Schönborská zahrada
Lobkovická zahrada
Strahovská zahrada
Mariánské hradby
U Prašného mostu
U Brusnice
U Kasáren
Keplerova
Nový Svět
Černínská
Kapucínská
Loretánská
Pohořelec
Úvoz
Ke Hradu
Nerudova
Jánský vršek
Vlašská
Tržiště
Thunovská
Sněmovní
Tomášská
Mostecká
1
2
3
4
5
6
7
8
9
10
11
12

DALIU/SHUTTERSTOCK ©

Bibliothèque de Strahov

Voir

Monastère de Strahov

ENSEMBLE RELIGIEUX

1 Plan p. 34, A4

Le monastère de Strahov fut fondé en 1140 par Vladislav II pour l'ordre des Prémontrés. L'ensemble actuel date des XVIIe et XVIIIe siècles. Fermé pendant l'ère communiste (la plupart des moines furent alors emprisonnés), le monastère a repris vie avec le retour de ces derniers en 1990. La magnifique **bibliothèque de Strahov** (Strahovská knihovna ; 233 107 718 , visites guidées 602 190 297 ; tarif unique 120 Kč ; 9h-12h et 13h-17h) en est l'attrait principal. (Strahovský klášter ; 233 107 711 ; www.strahovskyklaster.cz ; Strahovské nádvoří 1 ; 22)

Musée des Miniatures

MUSÉE

2 Plan p. 34, A4

Anatoly Konenko fabriquait autrefois des instruments de microchirurgie. Mais durant son temps libre, il a passé plus de sept ans à concevoir des fers en or pour... une puce. Ce musée expose ses étranges créations, dont un tableau de Matisse miniature et une caravane de chameaux logée dans le chas d'une aiguille. (Muzeum Miniatur ; 233 352 371 ; www.muzeumminiatur.cz ; Strahovské nádvoří 11 ; adulte/enfant 130/70 Kč ; 9h-17h ; 22)

Comprendre

La malédiction de la couronne tchèque

Dans la cathédrale Saint-Guy, où se trouve la chapelle Saint-Venceslas, une petite porte est verrouillée à l'aide de sept clés. Clin d'œil aux sept sceaux de la Révélation, chacune d'entre elles se trouve entre les mains d'un haut responsable différent.

Derrière cette porte secrète et bien gardée se cachent les joyaux de la Couronne, rarement présentés au public. La plus ancienne pièce est la couronne de saint Venceslas en or de 22 carats, fabriquée pour Charles IV en 1347 et dédiée à l'ancien prince.

Comme tout objet royal qui se respecte, la couronne a sa malédiction : tout usurpateur qui oserait la porter mourrait dans l'année. On raconte que Reinhard Heydrich, chef des nazis à Prague, coiffa la couronne en 1941. Coïncidence ou non, il fut assassiné en 1942 par la Résistance tchèque (voir l'encadré p. 104).

Palais Šternberg

MUSÉE

3 ⊙ Plan p. 34, C2

Ce palais de style baroque abrite les collections de la Galerie nationale d'art européen, de la Grèce ancienne et Rome jusqu'au XVIIIe siècle, fortes notamment d'œuvres de Goya et de Rembrandt. Les amateurs de retables médiévaux seront aux anges. À noter également des Bruegel, et une importante collection de miniatures de Bohême. Le billet combiné de la Galerie nationale (valide 10 jours) donne aussi accès au **palais Schwarzenberg** (4 ⊙ Plan p. 34, C3 ; Schwarzenberský palác ; Hradčanské náměstí 2 ; 10h-18h mar-dim ; 22), qui héberge la collection d'art baroque de la Galerie nationale derrière une magnifique façade Renaissance en sgraffite. L'intérieur est toutefois beaucoup moins spectaculaire et seuls les connaisseurs y trouveront un réel intérêt. (Šternberský palác ; 233 350 068 ; www.ngprague.cz ; Hradčanské náměstí 15 ; billet combiné de la Galerie nationale 500 Kč, billet simple tarif plein/réduit 220/110 Kč, gratuit pour les – de 18 ans ; 10h-18h mar-dim ; 22)

Quartier de Nový Svět

QUARTIER

5 ⊙ Plan p. 34, B2

Au XVIe siècle, des maisons furent construites pour le personnel du château dans une enclave de rues pavées sinueuses en bas du versant nord de la "Loreta". Aujourd'hui, ces toutes petites maisons ont été restaurées et peintes dans des tons pastel, faisant du quartier du

Ruelle de Nový Svět

"Nouveau Monde" une parfaite alternative à la ruelle d'Or du château. L'astronome danois Tycho Brahé vécut autrefois au 1 Nový Svět. (🚊22)

Se restaurer

Villa Richter

TCHÈQUE, FRANÇAIS **€€**

6 Plan p. 34, E2

Logé dans une villa restaurée du XVIIIe siècle au cœur d'un vignoble médiéval replanté, cet établissement vise ouvertement les groupes de touristes qui fourmillent aux abords du château. Cela dit, le cadre a du cachet – tables en terrasse avec l'une des plus belles vues de la ville – et le menu de spécialités tchèques est à la hauteur. (☎702 205 108 ; www.villarichter.cz ; Staré zamecké schody 6 ; plats 150-300 Kč, dîner 3 plats 945 Kč ; 🕐11h-23h mars-oct ; Ⓜ Malostranská)

Café du palais Lobkowicz

CAFÉ **€€**

7 Plan p. 34, E2

Ce café installé dans le palais Lobkowicz (XVIe siècle) est le meilleur du genre à une lieue à la ronde du château. Tâchez d'obtenir une table au balcon à l'arrière – la vue sur la ville est à ravir, tout comme le goulasch et le café. Service rapide et avenant. (☎233 312 925 ; Jiřská 3 ; plats 200-300 Kč ; 🕐10h-18h ; 📶👪 ; 🚊22)

FRANTICOO/SHUTTERSTOCK ©

Dégustation de bières tchèques

U Zlaté Hrušky
TCHÈQUE €€€

8 Plan p. 34, B2

Fréquenté par les Pragois comme par les touristes et les dignitaires en visite, "À la Poire Dorée" est un lieu confortable, tout en boiseries, qui prépare de bons plats de poisson, volaille et gibier typiques de Bohême. On peut manger l'été dans le jardin-restaurant. (723 764 940 ; www.restaurantuzlatehrusky.cz ; Nový Svět 3 ; plats 390-490 Kč ; 11h-1h ; 22)

Malý Buddha
ASIATIQUE €

9 Plan p. 34, A3

Bougies, encens et autel bouddhique recréent dans ce petit restaurant intimiste l'atmosphère d'une maison de thé extrême-orientale. La cuisine panasiatique inclut d'authentiques recettes thaïlandaises, chinoises et vietnamiennes, dont de nombreux plats végétariens. Parmi les boissons : vin de ginseng, alcool de rose chinois et toutes sortes de thés. Pas de CB. (220 513 894 ; www.malybuddha.cz ; Úvoz 46 ; plats 100-300 Kč ; 12h-22h30 mar-dim ; ; 22)

Prendre un verre

Hostinec U Černého Vola
TAVERNE

10 Plan p. 34, B3

Si de nombreux fidèles viennent en pèlerinage à Notre-Dame-de-

Lorette, de l'autre côté de la rue, des pèlerins d'un genre un peu différent se retrouvent au "Bœuf Noir". Ce bar très bon marché reçoit en effet les amateurs de bière, attirés par son atmosphère authentique et sa délicieuse bière à la pression, la Velkopopovický Kozel (31 Kč les 50 cl), brassée dans une petite ville au sud-est de Prague. (☎220 513 481 ; Loretánské náměstí 1 ; 10h-22h ; 22)

Klášterní Pivovar Strahov

BRASSERIE

11 Plan p. 34, A4

Orné de deux imposantes chaudières à houblonner, ce petit bar convivial dans le monastère de Strahov propose sa bière St Norbert sous deux formes : la *tmavý* (brune), une bière puissante avec faux col mousseux, et la *polotmavý* (ambrée), au goût de houblon plus prononcé (40 cl, 65 Kč). On y sert également une bière forte (6,3 %) de style IPA. (Brasserie du monastère de Strahov ; ☎233 353 155 ; www.klasterni-pivovar.cz ; Strahovské nádvoří 301 ; 10h-22h ; 22)

Shopping

Houpací Kůň

JOUETS

12 Plan p. 34, A3

Le "cheval à bascule" abrite une collection de poupées traditionnelles en bois, de tracteurs à remontoir des années 1950 et même – surprise – quelques chevaux à bascule en bois.

Vous trouverez sur place des jouets de qualité et des fournitures artistiques que vous ne trouverez nulle part ailleurs à Prague, mais pour un souvenir typiquement tchèque, rien de mieux que Taupek la petite taupe, héroïne des dessins animés bien connus des enfants tchèques créée par Zdeněk Miler, présente ici sous différents aspects. (☎603 515 745 ; Loretánské náměstí 3 ; 9h30-18h30 ; 22)

Comprendre

Saint Venceslas

Petit-fils de l'édificateur du château de Prague, Bořivoj Ier de Bohême, et saint patron du pays, Venceslas Ier ("Václav" en tchèque) apparaît à de nombreux endroits de la capitale, de la cathédrale Saint-Guy, dans laquelle une chapelle somptueuse accueille son tombeau (voir p. 31) à la place éponyme où sa statue fut l'un des symboles de rassemblement durant la révolution de Velours (voir p. 91 et p. 98).

Si son règne (de 925 à 929 ou 935) fut de courte durée, il laissa l'image d'un souverain bienveillant et progressiste. Assassiné par son frère Boleslav pour avoir signé un pacte de non-agression avec le royaume de Germanie, il est notamment connu pour avoir contribué à la christianisation du territoire tchèque et fut reconnu par l'Église comme martyr.

Explorer

Malá Strana et colline de Petřín

Dédale pittoresque de rues pavées, le quartier baroque de Malá Strana ("Petit Côté") occupe le flanc de colline qui sépare le château de Prague de la Vltava. Le cœur du quartier est la Malostranské náměstí, la place principale, que domine la coupole verte de l'église Saint-Nicolas. La colline de Petřín, grand parc dans lequel se dresse une réplique de la tour Eiffel, se trouve au sud de la place.

L'essentiel en un jour

Commencez votre journée sur la Malostranské náměstí par un petit-déjeuner au **Malostranská beseda** (p. 52), qui fait aussi café, d'où vous pourrez admirer la splendeur baroque de l'**église Saint-Nicolas** (p. 47). Flânez dans les ruelles du quartier avant de parfaire vos connaissances en cinéma, art pictural ou art religieux au **musée Karel Zeman** (p. 48), au **musée Kampa** (p. 48) ou au **musée de l'Enfant-Jésus** (p. 48). Déjeunez au **Cukrkávalimonáda** (p. 50).

Après le repas, prenez le **funiculaire** (p. 43) jusqu'au sommet de la colline de Petřín, où les plus jeunes apprécieront la **tour d'observation** (p. 43) et le **labyrinthe de miroirs** (p. 43). Si vous préférez gravir la rue **Nerudova** (p. 48) en partant de Malostranské náměstí, ne manquez pas les signes médiévaux caractéristiques qui ornent les portes des maisons.

Dînez au bord de l'eau sur la terrasse du **Hergetova Cihelná** (p. 50) ou, pour une cuisine un peu supérieure, à **Augustine** (p. 49). Ensuite, allez écouter un peu de jazz à l'**U Malého Glena** (p. 52) ou un groupe pragois au **Malostranská beseda** (p. 52). Envie d'un dernier verre ? Direction le **Mlýnská Kavárna** (p. 52) ou le **Blue Light** (p. 52).

Pour une suggestion de promenade dans les jardins de Malá Strana, voir p. 44.

Les incontournables

Colline de Petřín (p. 42)

100% pragois

Jardins de Malá Strana (p. 44)

Le meilleur du quartier

Bars et cafés

Blue Light (p. 52)

Mlýnská Kavárna (p. 52)

Concerts

U Malého Glena (p. 52)

Malostranská Beseda (p. 52)

Musées

Musée Franz Kafka (p. 48)

Musée Karel Zeman (p. 48)

Musée de l'Enfant-Jésus (p. 48)

Restaurants

Augustine (p. 49)

Café Savoy (p. 50)

Hergetova Cihelná (p. 50)

Comment y aller

Tram 12, 15, 20, 22 ou 23 jusqu'à Malostranské náměstí ou jusqu'à Újezd.

Métro Arrêt le plus proche, Malostranská, sur la ligne A.

Les incontournables
Colline de Petřín

Cette colline de 318 m forme l'un des plus vastes espaces verts de la capitale tchèque. Propice à d'agréables promenades, elle offre un beau panorama sur la ville et ses nombreux clochers – notamment depuis la plate-forme d'observation de la tour panoramique. Le site comportait jadis des vignes et une carrière dont furent extraites les pierres ayant servi à la construction de la plupart des monuments romans et gothiques de Prague. Empruntez le funiculaire : l'ascension rend la visite encore plus pittoresque.

Plan p. 46, B3

Nebozízek, Petřín

Tour panoramique de Petřín

Funiculaire de Petřín
Inauguré en 1891 pour l'Exposition universelle, le **funiculaire de Petřín** (Lanová dráha na Petřín ; ☎800 191 817 ; www.dpp.cz ; Újezd ; adulte/enfant 32/16 Kč ; ⏲9h-23h30 avr-oct, 9h-23h20 nov-mars ; 🚊9, 12, 15, 20, 22) comporte aujourd'hui des wagons modernes qui vont et viennent le long de ses 510 m de ligne. Il circule toutes les 15 minutes d'Újezd à la tour panoramique de Petřín, et marque un arrêt à Nebozízek.

Tour panoramique de Petřín
Haute d'environ 60 m, cette **tour** (Petřínská rozhledna ; ☎257 320 112 ; www.petrinska-rozhledna.cz ; adulte/enfant 150/80 Kč ; ⏲10h-22h avr-sept, 10h-20h mars et oct, 10h-18h nov-fév ; 🚊Petřín), édifiée en 1891 sur le modèle de la tour Eiffel, offre une vue magnifique sur la ville et, par temps clair, sur les forêts de la Bohême centrale. La tour compte 299 marches – mais comporte un ascenseur.

Mémorial aux victimes du communisme
Cet ensemble sculptural (Památník obětem komunismu ; angle Újezd et Vítězná ; 🚊9, 12, 15, 20, 22) se compose de sept figures humaines en bronze qui se désintègrent progressivement le long d'un escalier. En dessous, une longue bande métallique dénombre les victimes du régime communiste : 205 486 personnes arrêtées, 170 938 exilés, 248 exécutés, 4 500 morts en prison et 327 citoyens abattus en tentant de franchir la frontière.

Labyrinthe de miroirs
Situé au pied de la tour panoramique, le **labyrinthe de miroirs** (Zrcadlové bludiště ; www.petrinska-rozhledna.cz ; Petřínské sady ; adulte/enfant 75/55 Kč ; ⏲10h-22h avr-sept, 10h-20h mars et oct, 10h-18h nov-fév ; 🚊Petřín) date également de l'Exposition universelle de 1891. Outre ce dédale de miroirs déformants, figure un diorama de la bataille qui opposa les Pragois aux Suédois sur le pont Charles en 1648.

☑ À savoir

- Avant de gravir la colline de Petřín, achetez de quoi pique-niquer : de nombreux bancs et espaces où poser une couverture vous attendent.
- Gravir la colline à pied est une alternative agréable et assez facile au funiculaire.
- De nuit, le funiculaire offre une superbe vue sur la ville illuminée.
- Plutôt que d'emprunter le funiculaire pour redescendre, traversez le parc en direction du nord et du monastère de Strahov.

Une petite pause ?

Situé à mi-hauteur du trajet du funiculaire, le restaurant **Nebozízek** (Plan p. 46, B4 ; ☎257 315 329 ; www.nebozizek.cz ; Petřínské sady 411 ; plats 150-420 Kč ; ⏲11h-22h ; 🚊Nebozizek) offre une vue magnifique. Il est aussi accessible à pied.

Le Café Savoy (p. 50) est parfait pour un café ou un déjeuner.

100% pragois
Jardins de Malá Strana

Les aristocrates qui habitaient Malá Strana aux XVIIe et XVIIIe siècles créèrent de magnifiques jardins, dont beaucoup sont ouverts au public. D'avril à octobre, dès que le soleil brille, ces parcs se peuplent d'étudiants, de jeunes mères avec leurs enfants et d'hommes d'affaires venus se détendre à la pause du midi. Attention : de nombreux parcs sont fermés de novembre à mars.

❶ Les jardins sous le château de Prague

Les beaux **jardins sous le château de Prague** (Palácové zahrady pod Pražským hradem ; www.palacove-zahrady.cz ; adulte/enfant 100/70 Kč ; 10h-19h mai-sept, 10h-18h avr et oct ; Malostranská, 12, 15, 20, 22), qui descendent en terrasse le flanc sud du château, furent aménagés aux XVIIe et

XVIIIe siècles par les propriétaires des palais alentour. Restaurés dans les années 1990, ils se distinguent par une loggia Renaissance ornée de fresques pompéiennes et un portail baroque dont le cadran solaire capte la lumière du soleil, que reflète l'eau d'une fontaine agrémentée d'un triton.

❷ Le jardin Wallenstein

Créé pour le duc Albrecht de Wallenstein au XVIIe siècle, le **jardin baroque Wallenstein** (Valdštejnská zahrada ; www.senat.cz ; entrée libre ; 7h30-18h lun-ven, 10h-18h sam-dim avril-oct, jusqu'à 19h juin-sept ; M Malostranská, 12, 15, 20, 22), dans l'enceinte du Sénat, est une oasis de paix au milieu des rues très fréquentées de Malá Strana. Son plus bel élément, l'immense loggia décorée de scènes de la guerre de Troie, est flanqué d'une grotte aux stalactites artificielles aux parois sculptées de visages grotesques.

❸ Le jardin Vojan

Moins bichonné que les autres parcs de Malá Strana, le **jardin Vojan** (Vojanovy sady ; entrée libre ; 8h-crépuscule ; M Malostranská) n'en reste pas moins apprécié des habitants du quartier qui viennent s'y aérer en famille, s'asseoir au soleil ou y faire la fête en été.

❹ Une fontaine atypique

Sur la place devant le musée Franz Kafka, les flashs crépitent autour de **Proudy** ("Courants" ; Hergetova Cihelná ; M Malostranská). Cette sculpture décalée de l'artiste David Černý représente deux hommes urinant dans une flaque qui a la forme de la République tchèque.

❺ L'île de Kampa

Île bordée par la Vltava et le Čertovka (le ruisseau du Diable), **Kampa** (12, 15, 20, 22) est la partie la plus paisible et pittoresque de Malá Strana. Au XIIIe siècle, on construisit sur ces terres alors cultivées (Kampa dérive du latin *campus*, "champ") le premier moulin de Prague – qui abrite un musée aujourd'hui (voir p. 48). Ce parc arboré, au bord de l'eau, est l'un des lieux de détente favoris des Pragois, nombreux à y paresser l'été.

❻ Mur John Lennon

Après son assassinat le 8 décembre 1980, John Lennon devint la figure du héros pacifiste aux yeux de la jeunesse tchèque. Un **mur** (Velkopřevorské náměstí ; 12, 15, 20, 22), sur une place retirée en face de l'ambassade de France, fut orné d'un portrait de l'artiste accompagné de graffitis aux accents politiques et des paroles des Beatles. Aujourd'hui, images du musicien, messages de paix et inscriptions sans grand sens se côtoient.

❼ Le jardin Vrtba

Caché le long d'une ruelle à l'angle de Tržiště et de Karmelitská, le **jardin Vrtba** (Vrtbovská zahrada ; www.vrtbovska.cz ; Karmelitská 25 ; tarif plein/réduit 65/55 Kč ; 10h-18h avr-oct ; 12, 15, 20, 22), jardin baroque de style italien, fut aménagé en 1720 pour le comte de Vrtba, grand chancelier du château de Prague.
Il s'étage sur le versant abrupt d'une colline jusqu' à une terrasse ornée de statues de Matthias Braun représentant des divinités romaines.

Nos adresses
Les incontournables p. 42
Voir p. 47
Se restaurer p. 49
Prendre un verre p. 52
Sortir p. 52
Shopping p. 53
HRADČANY
MALÁ STRANA
Château de Prague (Pražský hrad)
Place de Hradčany (Hradčanské náměstí)
Jardin sur les remparts (Zahrada Na Valech)
Jardin Wallenstein (Valdštejnská zahrada)
Jardin Vojan (Vojanovy sady)
Place de Malá Strana (Malostranské náměstí)
Clocher de l'église Saint-Nicolas
Église Saint-Nicolas
Nerudova
Quo Vadis (sculpture de David Černý)
Jardin Vrtba (Vrtbovská zahrada)
Schönbornská zahrada
Lobkovická zahrada
Musée de l'Enfant-Jésus
Place de Malte
Velkopřevorské náměstí
Ambassade de France
Musée Karel Zeman
Musée Franz Kafka
Musée Kampa
Île de Kampa
Pont Charles (Karlův most)
Pont Mánesův
Pont des Légions (Legií Most)
Vltava
Čertovka
Colline de Petřín
Funiculaire de Petřín (station basse)
Funiculaire de Petřín (station haute)
Station Nebozízek
Seminářská zahrada
Petřínské Sady
Růžový sady
Klárov
Letenská
U Lužického semináře
Cihelná
Mišeňská
Saská
Lázeňská
Mostecká
Josefská
Tomášská
Sněmovní
Thunovská
Karmelitská
Tržiště
Vlašská
Jánský vršek
Nerudova
Ke Hradu
Úvoz
Loretánská
U Kasáren
Prokopská
Harantova
Nebovidská
Hellichova
Újezd
U Lanové Dráhy
Všehrdova
Říční
Vítězná
U Sovových mlýnů
Na Kampě
A B C D E
1 2 3 4
0 200 m

Église Saint-Nicolas

Voir

Église Saint-Nicolas ÉGLISE

1 Plan p. 46, C2

Malá Strana est dominée par l'imposante coupole verte de l'église Saint-Nicolas, l'un des plus beaux édifices baroques d'Europe centrale. (Attention à ne pas la confondre avec l'autre église Saint-Nicolas, sur la place de la Vieille-Ville.) Au plafond se déploie l'*Apothéose de saint Nicolas*, œuvre réalisée en 1771 par le peintre viennois Johann Lucas Kracker. La fresque, la plus grande de ce type en Europe, se fond habilement dans l'architecture du lieu. (Kostel sv Mikuláše ; 257 534 215 ; www.stnicholas.cz ; Malostranské náměstí 38 ; adulte/enfant 70/50 Kč ; 9h-17h mars-oct, 9h-16h nov-fév ; 12, 15, 20, 22)

Clocher de l'église Saint-Nicolas TOUR

2 Plan p. 46, C2

À l'époque soviétique, le clocher de l'église Saint-Nicolas fut utilisé pour espionner l'ambassade américaine voisine. En montant, on peut d'ailleurs voir un urinoir en fonte, destiné aux guetteurs. Aujourd'hui, il offre aux visiteurs une superbe vue sur Malá Strana et le pont Charles. (en.muzeumprahy.cz/prague-towers ; Malostranské náměstí ; adulte/enfant 100/70 Kč ; 10h-22h avr-sept, 10h-20h mars et oct, 10h-18h nov-fév ; 12, 15, 20, 22)

Musée Karel Zeman

MUSÉE

3 Plan p. 46, D2

L'œuvre du réalisateur bohême Karel Zeman (1910-1989), pionnier des effets spéciaux, est peu connue hors de la République tchèque. Ce fascinant musée interactif, fondé par sa fille, dévoile les astuces et les techniques qu'il perfectionna. On peut s'y prendre en photo ou se filmer avec son téléphone devant des décors et des maquettes. (☎724 341 091 ; www.muzeumkarlazemana.cz ; Saský dvůr, Saská 3 ; adulte/enfant 200/140 Kč ; 10h-19h, dernière entrée 18h ; 12, 15, 20, 22)

Musée de l'Enfant-Jésus

MUSÉE, ÉGLISE

4 Plan p. 46, C3

L'**église Notre-Dame-de-la-Victoire** (kostel Panny Marie Vítězné), construite entre 1611 et 1613, porte sur son maître-autel une représentation en cire de l'Enfant Jésus de 47 cm de haut, rapportée d'Espagne en 1628. Connue sous le nom d'**Enfant-Jésus de Prague** (Pražské Jezulátko), l'effigie aurait sauvé la ville de la peste et des destructions de la guerre de Trente Ans. À l'arrière de l'église, un musée expose quelques-uns des costumes avec lesquels la statue est vêtue. (Muzeum Pražského Jezulátka ; ☎257 533 646 ; www.pragjesu.cz ; Karmelitská 9 ; entrée libre ; église 8h30-19h lun-sam, 8h30-20h dim, musée 9h30-17h30 lun-sam, 13h-18h dim ; 12, 15, 20, 22)

Musée Kampa

GALERIE

5 Plan p. 46, D3

Aménagé dans un ancien moulin, ce musée est consacré à l'art du XXe siècle et à l'art contemporain d'Europe centrale. Vous pourrez notamment y voir une vaste collection de bronzes du sculpteur cubiste Otto Gutfreund ainsi que des peintures de František Kupka, la plus saisissante étant *La Cathédrale*, un ensemble fragmenté de quadrilatères bleus et rouges. À l'extérieur, on peut admirer de près certains des fameux "bébés rampants" de David Černý. (Muzeum Kampa ; ☎257 286 147 ; www.museumkampa.cz ; U Sovových mlýnů 2 ; tarif plein/réduit 220/110 Kč ; 10h-18h ; 12, 15, 20, 22)

Musée Franz Kafka

MUSÉE

6 Plan p. 46, E2

Cette exposition consacrée à la vie et à l'œuvre du plus célèbre des écrivains pragois met en lumière sa relation intime avec la ville qui l'a façonné, à travers des lettres, photos, journaux et publications d'époque, ainsi que des installations audio et vidéo. (Muzeum Franzy Kafky ; ☎257 535 373 ; www.kafkamuseum.cz ; Cihelná 2b ; adulte/enfant 200/120 Kč ; 10h-18h ; M Malostranská ; 12, 15, 20, 22)

Nerudova

RUE HISTORIQUE

7 Plan p. 46, B1

En suivant le flux des touristes qui descendent du château par

Comprendre
Les noms des maisons

Avant que la numérotation des rues n'apparaisse au XVIIIe siècle, les maisons se distinguaient par des noms et des enseignes originaux. Cette pratique fut abolie en 1770 par les autorités de la ville.

Avec sa multitude d'enseignes, Nerudova en est l'exemple le plus frappant. En descendant cette rue, vous remarquerez : "Aux Deux Soleils" (n°47), le "Fer à Cheval en Or" (n°34), "Aux Trois Petits Violons" (n°12), "À l'Aigle Rouge" (n°6), le "Diable" (n°4), "Saint Venceslas à Cheval" (n°34), la "Clef Dorée" (n°27) et le "Gobelet d'Or" (n°16).

Ke Hradu, vous déboucherez sur la rue Nerudova, l'artère majeure de Malá Strana sur le plan architectural, dont la plupart des façades Renaissance furent revisitées à la mode baroque au XVIIIe siècle. Elle porte le nom de l'écrivain et poète tchèque Jan Neruda (auteur du recueil de nouvelles *Les Contes de Malá Strana*), qui vécut dans la **maison des Deux Soleils** (dům U dvou slunců ; Nerudova 47) de 1845 à 1857. (🚋12, 15, 20, 22)

Quo Vadis
MONUMENT

8 👁 Plan p. 46, B2

Cette Trabant, voiture dorée juchée sur quatre jambes, est un hommage de David Černý aux 4 000 Allemands de l'Est qui occupèrent le jardin de ce qui était à l'époque l'ambassade d'Allemagne de l'Ouest en 1989, avant de se voir accorder l'asile politique. On peut la voir à travers la clôture derrière l'ambassade d'Allemagne. Montez Vlašská, tournez à gauche dans le parc et de nouveau à gauche. (Vlašská 19 ; 🚋12, 15, 20, 22)

Place de Malte
SITE HISTORIQUE

9 👁 Plan p. 46, D2

La présence des chevaliers de Malte à Malá Strana remonte à 1169, quand ces moines soldats y fondèrent une commanderie et reçurent de Vladislav II l'église Notre-Dame-sous-la-Chaîne, qui domine la place. Dissous par le régime communiste, l'ordre a récupéré une grande partie de ses biens immobiliers depuis 1989. La place, avec ses bâtiments baroques aux faux airs viennois, a servi de décor au film *Amadeus* de Miloš Forman. (Maltézské náměstí ; 🚋12, 15, 20, 22)

Se restaurer

Augustine
TCHÈQUE, EUROPÉEN **€€€**

10 🍴 Plan p. 46, D1

Caché dans l'édifice historique de l'Augustine Hotel (admirez les fresques du plafond, dans le bar), ce restaurant à l'atmosphère à la fois sophistiquée et détendue mérite son succès. La carte affiche des plats simples mais délicieux, comme la joue de porc braisé à la bière de l'hôtel, la St Thomas. Une cuisine inventive autour de produits locaux. Menu deux plats du déjeuner à 380 Kč. (☎266 112 280 ; www.augustine-restaurant.cz ; Letenská 12, Augustine Hotel ; plats 350-590 Kč, menu dégustation 4 plats 1 350 Kč ; 7h-23h ; wi-fi ; tram 12, 15, 20, 22)

Café Savoy

EUROPÉEN €€

11 Plan p. 46, D4

Café Belle Époque magnifiquement restauré, le Savoy propose des plats aux influences viennoises – soupes copieuses, salades, viandes rôties et escalopes de veau – servis par un personnel vêtu de noir et de blanc. Également, une "carte gastronomique" (plats 400-700 Kč) mettant à l'honneur un steak tartare à la parisienne préparé à votre table et magnifique carte des vins (demandez conseil auprès du personnel). (☎257 311 562 ; www.cafesavoy.ambi.cz ; Vítězná 5 ; plats 200-400 Kč ; 8h-22h30 lun-ven, 9h-22h30 sam-dim ; wi-fi ; tram 9, 12, 15, 20, 22)

U Modré Kachničky

TCHÈQUE €€€

12 Plan p. 46, D3

Pavillon de chasse chic et rustique de style années 1930 niché dans une ruelle calme, "Au Caneton Bleu" offre un cadre rétro, avec recoins éclairés à la chandelle, propice à un dîner romantique. Au menu : cuisine traditionnelle de Bohême, comme le gibier et le canard rôti à la *slivovice* (eau-de-vie de prune) et à la sauce aux prunes accompagné de galettes de pommes de terre. (☎257 320 308 ; www.umodrekachnicky.cz ; Nebovidská 6 ; plats 495-600 Kč ; 12h-16h et 18h30-24h ; wi-fi ; tram 12, 15, 20, 22)

Hergetova Cihelná

INTERNATIONAL €€€

13 Plan p. 46, E2

La terrasse de ce restaurant aménagé dans une ancienne usine de briques (*cihelná*) du XVIIIe siècle jouit d'un emplacement exceptionnel, avec vue panoramique sur le pont Charles et les quais de la Vieille Ville. Aussi vaste que la vue, la carte comprend poissons, steaks et plats de gibier tchèques, notamment selle de chevreuil et ragoût de sanglier. Bon menu enfant et aire de jeux. (☎296 826 103 ; www.kampagroup.com ; Cihelná 2b ; plats carte déjeuner 200-400 Kč, plats carte dîner 400-700 Kč ; 11h30-16h et 18h-1h ; wi-fi, enfants ; M Malostranská)

Cukrkávalimonáda

EUROPÉEN €

14 Plan p. 46, D2

Ce charmant petit café-restaurant associe un décor moderne minimaliste à des plafonds Renaissance en bois peint. Il propose des pâtes fraîches maison, omelettes, ciabatte, salades et crêpes salées ou sucrées dans la journée, et une carte de bistrot un peu

Rue Nerudova (p. 48)

plus élaborée en début de soirée. La formule petit-déjeuner inclut jambon, œuf, croissants, yaourt et un chocolat chaud à se damner. (257 225 396 ; www.cukrkavalimonada.com ; Lázeňská 7 ; plats 100-200 Kč ; 9h-19h ; 12, 15, 20, 22)

Noi

THAÏLANDAIS **€€**

15 Plan p. 46, D4

Restaurant aux allures de club chic, Noi dégage néanmoins une ambiance orientale relaxante avec sa déco à base de fleurs de lotus, de lanternes et d'éclairages tamisés. La carte est à l'avenant, avec de très bons plats thaïlandais, comme le poulet au curry rouge ou les nouilles *pad thaï* fort relevées, ce qui est rare à Prague. (257 311 411 ; www.noirestaurant.cz ; Újezd 19 ; plats 210-325 Kč ; 11h-1h ; ; 12, 15, 20, 22)

Café de Paris

FRANÇAIS **€€**

16 Plan p. 46, D3

Un petit coin de France sans prétention, niché sur une place tranquille, qui offre une carte limitée et simple : soupe à l'oignon ou foie gras en entrée, suivi d'une entrecôte avec frites, salade et sauce au choix (la sauce Café de Paris, une recette vieille de 75 ans, fait la fierté de la maison). Pas de CB. (603 160 718 ; www.cafedeparis.cz ; Velkopřevorské náměstí 4 ; plats 245-470 Kč ; 11h30-minuit ; 12, 15, 20, 22)

Prendre un verre

Mlýnská Kavárna

BAR

17 Plan p. 46, D4

Ce café-bar dans le parc de Kampa a connu plusieurs noms depuis l'époque communiste, et certains l'appellent encore le Tato Kejkej ou simplement le Mlýn ("le Moulin"). On pénètre par une passerelle en bois dans ce bar à la lumière tamisée, fréquenté par des artistes, des écrivains et des hommes politiques locaux. (257 313 222 ; Všehrdova 14 ; 12h-minuit ; ; 9, 12, 15, 20, 22)

Blue Light

BAR

18 Plan p. 46, D2

Un repaire sombre et plein de charme, aussi bien apprécié des habitants que des touristes pour ses caïpirinhas et ses cranberry coladas, à déguster au milieu des affiches de jazz rétro, des disques, des vieilles photos et des graffitis qui ornent les murs. Attention : il y a souvent beaucoup de monde les soirs de week-end. (257 533 126 ; www.bluelightbar.cz ; Josefská 1 ; 18h-3h ; 12, 15, 20, 22)

Klub Újezd

BAR

19 Plan p. 46, D4

Le Klub Újezd est l'un des nombreux bars "alternatifs" de Prague. Réparti sur trois étages (DJ dans la cave et café à l'étage), l'endroit est décoré de nombreux tableaux originaux et orné de curieuses lampes et de sculptures bizarres en fer forgé. Dans la salle située au niveau de la rue, vous pourrez vous asseoir sur un tabouret pour siroter une bière au bar, jalousement gardé par un drôle de dragon marin. (251 510 873 ; www.klubujezd.cz ; Újezd 18 ; 14h-4h ; 9, 12, 15, 20, 22)

Sortir

Malostranská Beseda

BAR, CLUB

20 Plan p. 46, D1

À Malá Strana, ce palais des plaisirs de quatre étages est un lieu hybride qui abrite un club de musique légendaire où se produisent artistes de cabaret, jazzmen et vieux rockeurs tchèques au 2e étage, une galerie d'art au dernier étage, un bar-restaurant au rez-de-chaussée et une vaste brasserie servant Pilsner Urquell et Velkopopovický Kozel à 39 Kč les 50 cl au sous-sol. (257 409 123 ; www.malostranska-beseda.cz ; Malostranské náměstí 21 ; spectacles 120-250 Kč ; billetterie 17h-21h lun-ven, bar 16h-1h, café 9h-22h ; 12, 15, 20, 22)

U Malého Glena

BAR, JAZZ

21 Plan p. 46, C2

Bar-restaurant animé tenu de longue date par des expatriés américains, le "Petit Glen" programme tous les soirs des groupes de jazz et de blues locaux dans une cave voûtée en pierre surchauffée. Les amateurs peuvent participer au bœuf du dimanche soir (mais il faut être bon !). Le lieu est petit : mieux vaut venir tôt pour non seulement entendre les musiciens mais aussi les voir. (☎257 531 717 ; www.malyglen.cz ; Karmelitská 23 ; ⌚10h-2h dim-jeu, 10h-3h ven-sam, concerts à partir de 20h30 ; 📶 ; 🚋12, 15, 20, 22)

Shopping

Shakespeare & Sons LIBRAIRIE

22 🔒 Plan p. 46, D2

Si ses rayons débordent de littérature en anglais, français et allemand, cette boutique (qui recèle les meilleurs titres de Prague sur l'histoire de l'Europe de l'Est) n'est pas qu'une simple librairie – c'est un véritable lieu de rencontres littéraires fréquenté par des auteurs et dont le personnel connaît son métier. Salon de lecture. (☎257 531 894 ; www.shakes.cz ; U Lužického semináře 10 ; ⌚11h-21h ; 🚋12, 15, 20, 22)

Marionety Truhlář ART ET ARTISANAT

23 🔒 Plan p. 46, D2

Cette boutique propose des marionnettes traditionnelles venues de plus d'une quarantaine d'ateliers de tout le pays, des kits pour les fabriquer soi-même, des cours sur leur confection et la possibilité de commander une marionnette sur-mesure. (☎602 689 918 ; www.marionety.com ; U Lužického semináře 5 ; ⌚10h-19h ; 🚋12, 15, 20, 22)

Marionnettes, Marionety Truhlář

Artěl VERRERIE, DESIGN INTÉRIEUR

24 🔒 Plan p. 46, D2

Dans la boutique de la créatrice américaine Karen Feldman, la cristallerie de Bohême traditionnelle rencontre les créations modernes. Objets design en cristal soufflé faits main côtoient des articles tchèques vintage et modernes. (☎251 554 008 ; www.artelglass.com ; U Lužickeho semináře 7 ; ⌚10h-19h ; 🚋12, 15, 20, 22)

100% pragois
Balade culturelle à Smíchov

À seulement 2 km au sud du château de Prague, Smíchov s'étire sur la rive gauche de la Vltava et montre un visage très différent de la capitale. Avec sa scène artistique dynamique et ses bars sans prétention, cet ancien quartier industriel offre une authentique tranche de vie tchèque, même si la construction d'immeubles de bureaux modernes et l'arrivée de nouvelles entreprises font lentement évoluer son identité.

Comment y aller

Métro Ligne B jusqu'à Anděl

Tramway Arrêt Anděl des lignes 4, 5, 9, 10, 15, 16 et 20, qui traversent Smíchov

❶ Jazz au bord de l'eau

Le **Jazz Dock** (☎774 058 838 ; www.jazzdock.cz ; Janáčkovo nábřeží 2 ; 150-300 Kč ; ⏲17h-4h lun-jeu, 15h-4h ven-sam, 15h-2h dim oct-mars, ouverture 2h plus tôt avr-sept ; ; MAnděl, 9, 12, 15, 20) installé en bord de rivière, apparaît un cran au-dessus des clubs de jazz typiques de Prague avec sa déco moderne et sa vue sur la Vltava. Mieux vaut arriver tôt ou réserver.

❷ Théâtre d'avant-garde au Švandovo divadlo

Espace théâtral expérimental, le **Švandovo divadlo** (☎billetterie 257 318 666 ; www.svandovodivadlo.cz ; Štefánikova 57 ; billets 150-300 Kč ; ⏲billetterie 14h-20h lun-ven, 2 heures avant la représentation sam et dim ; 9, 12, 15, 20) est célèbre pour jouer des pièces en anglais ou avec surtitrage. Il accueille également concerts et spectacles de danse.

❸ Art contemporain à la galerie Futura

La galerie **Futura** (☎604 738 390 ; www.futuraproject.cz ; Holečkova 49 ; sur don ; ⏲11h-18h mer-dim ; 9, 12, 15, 20) s'intéresse à toutes les formes de l'art contemporain : peinture, photographie, sculpture, vidéos, installations… Dans le jardin, vous verrez l'installation *Brownnosing* (2003) de David Černý : en glissant votre tête dans le derrière d'une statue, vous pourrez voir la vidéo d'un homme nourrissant un autre à la cuillère. Il s'agit d'acteurs portant les masques de l'ancien directeur de la Galerie nationale, Milan Knížák, et de l'ancien président tchèque Václav Klaus.

❹ Cuisine tchèque au Zlatý klas

Restaurant à l'enseigne de la bière Pilsner Urquell, le **Zlatý klas** (☎251 562 539 ; www.zlatyklas.cz ; Plzeňská 9, Smíchov ; plats 140-280 Kč ; ⏲11h-23h dim-jeu, 11h30-1h ven-sam ; MAnděl) est apprécié pour sa cuisine tchèque roborative et bien préparée à accompagner d'une bière pression.

❺ Danse au "Bulldog"

L'**Hospoda U Buldoka** (☎257 329 154 ; www.ubuldoka.cz ; Preslova 1, Smíchov ; ⏲bar 11h-minuit lun-jeu, 11h-1h ven, midi-minuit sam, midi-23h dim, club 20h-4h mer-sam ; ; MAnděl) est une bonne adresse pour prendre un verre et danser. Ne vous attendez toutefois pas à une ambiance "club" : c'est un bar où l'on se lâche.

❻ Une brasserie authentique

Pour goûter au charme simple de Smíchov, direction la **Na Verandách** (☎257 191 200 ; www.phnaverandach.cz ; Nádražní 84 ; plats 150-280 Kč ; ⏲11h-24h lun-mer, 11h-1h jeu-sam, 11h-23h dim ; ; MAnděl, 4, 5, 12, 20), qui occupe les locaux de la brasserie Staropramen (installée ici en 1869).

❼ Culture à la Meet Factory

La **Meet Factory** (☎251 551 796 ; www.meetfactory.cz ; Ke Sklárně 15 ; entrée libre ; ⏲13h-20h, variable selon les événements ; 4, 5, 12, 20), galerie de David Černý, invite des artistes du monde entier à venir créer dans une immense usine désaffectée. L'espace est utilisé pour les expositions, les happenings, les projections et les représentations. Repérez les voitures rouges suspendues à l'extérieur.

Explorer

Musée juif et Josefov

Le paisible quartier de Josefov correspond à l'ancien ghetto juif. Durant près de 800 ans, ce fut le centre névralgique de la population juive de la ville, tant d'un point de vue physique que culturel et spirituel. De nombreux juifs quittèrent le quartier lorsqu'il fut rénové au début du XXe siècle et des dizaines de milliers d'autres furent tués lors de l'Holocauste. Les synagogues et le cimetière qui sont demeurés constituent désormais le très apprécié Musée juif.

L'essentiel en un jour

Consacrez la matinée au **Musée juif** (p. 58) en commençant par son site phare, le **vieux cimetière juif** (p. 60), beaucoup plus pittoresque à visiter sans la foule. Faites halte à la **synagogue Maisel** (p. 59) et à la **synagogue Pinkas** (p. 59) avant une pause café au **Bakeshop Praha** (p. 65) agrémentée d'un croissant au chocolat. Vous voilà requinqué pour une visite de la belle **synagogue espagnole** (p. 59).

Arrêtez-vous pour un déjeuner tardif, arrosé d'une bière, au **Kolkovna** (p. 65), une brasserie traditionnelle. À proximité, le **monument à Franz Kafka** (p. 64) mérite un coup d'œil. Passez le reste de l'après-midi soit au **musée des Arts décoratifs** (p. 63) si vous aimez le design, soit au **couvent Sainte-Agnès** (p. 64) si vous êtes plus orienté art gothique et médiéval.

Pour le dîner, choisissez **Lokál** (p. 64) pour un repas tchèque classique ou **Kafka Snob Food** (p. 66) pour quelque chose de plus léger. Ensuite, vous aurez le choix entre un concert de musique classique à la **salle Dvořák** dans le **Rudolfinum** (p. 68) ou une soirée avant-gardiste à l'ancien cinéma **Roxy** (p. 68). Avant ou après, goûtez aux martinis savamment dosés du **Tretter's New York Bar** (p. 66).

Les incontournables

Musée juif (p. 58)
Vieux cimetière juif (p. 60)

Le meilleur du quartier

Bars et cafés

Kolkovna (p. 65)
Tretter's New York Bar (p. 66)
U Rudolfina (p. 66)

Histoire

Synagogue Vieille-Nouvelle (p. 63)
Synagogue espagnole (p. 59)

Restaurant

Bakeshop Praha (p. 65)
Lokál (p. 64)
Kafka Snob Food (p. 66)

Shopping

Bohéme (p. 69)
TEG (p. 68)
Dušní 3 (p. 69)

Vie nocturne

Roxy (p. 68)

Comment y aller

M **Métro** Ligne A jusqu'à Staroměstská.

Tram Lignes 2, 17, 18 jusqu'à Staroměstská ; lignes 6, 8, 15, 26 jusqu'à Dlouhá třída.

Les incontournables
Musée juif

Comptant parmi les sites les plus visités de la ville, le Musée juif de Prague fut fondé en 1906 pour conserver les objets des synagogues après la destruction et la rénovation du quartier à la fin du XIXe et au début du XXe siècle. Les différentes sections du musée sont réparties entre plusieurs synagogues et se concentrent sur la vie et les traditions juives. On remarquera notamment la synagogue Pinkas et son mémorial aux juifs tchèques et moraves tués durant l'Holocauste.

Plan p. 62, B3

www.jewishmuseum.cz

Centre d'information et billeterie, Maiselova 15

adulte/enfant 330/220 Kč, billet combiné avec accès à la Synagogue Vieille-Nouvelle 500/340 Kč

9h-18h dim-ven avr-oct, 9h-16h30 nov-mars

M Staroměstská

Synagogue espagnole

Synagogue Klaus et salle de cérémonie

La **synagogue Klaus** (Klauzová synagóga ; U starého hřbitova 3a ; ⌚9h-18h avr-oct, 9h-16h30 nov-mars ; 🚊17) et la **salle de cérémonie** (Obřadní síň ; U starého hřbitova 3a ; ⌚9h-18h avr-oct, 9h-16h30 nov-mars ; 🚊17) voisine proposent des expositions sur les traditions sanitaires et funéraires juives qui intéresseront les historiens et les visiteurs pieux.

Synagogue Maisel

La **synagogue Maisel** (Maiselova synagóga ; Maiselova 10 ; ⌚9h-18h avr-oct, 9h-16h30 nov-mars ; Ⓜ Staroměstská), de style néogothique (1893-1905), remplace un édifice Renaissance construit en 1592 par Mordekhaï Maisel (1528-1601), financier philanthrope et dirigeant de la communauté juive de la ville sous le règne de l'empereur Rodolphe II. À l'intérieur, une exposition retrace l'histoire des juifs de Bohême et de Moravie du Xe au XVIIIe siècle.

Synagogue Pinkas

Cette belle **synagogue** (Pinkasova synagóga ; Široká 3 ; ⌚9h-18h avr-oct, 9h-16h30 nov-mars ; Ⓜ Staroměstská), bâtie en 1535, demeura en activité jusqu'en 1941. Après la Seconde Guerre mondiale, elle fut convertie en mémorial ; ses murs sont couverts des noms et des dates de naissance et de disparition de 77 297 Tchèques victimes de la barbarie nazie. La synagogue conserve aussi une collection de dessins d'enfants détenus au camp de concentration de Terezín.

Synagogue espagnole

Considérée comme le plus beau bâtiment du musée, cette **synagogue** (Španělská synagóga ; Vězeňská 1 ; ⌚9h-18h avr-oct, 9h-16h30 nov-mars ; Ⓜ Staroměstská) édifiée en 1868 dévoile un superbe intérieur mauresque. Son exposition raconte l'histoire des juifs dans la République tchèque, de l'émancipation à nos jours. Librairie sur place.

☑ À savoir

- Le musée est fermé le samedi et les jours fériés juifs.
- Le billet d'entrée du musée inclut l'accès aux différentes synagogues.et au cimetière. Il est valable 7 jours.
- L'entrée se fait uniquement par billet combiné ; il n'est pas possible de visiter les sites individuellement.
- Les hommes doivent se couvrir la tête. Des kippas sont disponibles à l'entrée.
- La synagogue Vieille-Nouvelle ne faisant pas partie du musée, son accès nécessite de payer une entrée séparée ou de prendre un billet combiné.

Une petite pause ?

À proximité du musée, le café et les pâtisseries de Bakeshop Praha (p. 65) sont parmi les meilleurs de Prague.

Non loin de la Synagogue espagnole, la brasserie Kolkovna (p. 65) sert d'excellentes bières.

Les incontournables
Vieux cimetière juif

Fondé au début du XVe siècle, ce cimetière fut durant des siècles l'unique lieu de sépulture des juifs de Prague. Aussi, lorsque l'on cessa de l'utiliser en 1787, il était plein à craquer. Le cimetière comprend plus de 12 000 tombes, mais comme on l'apprend au Musée juif, elles sont encore plus nombreuses sous terre. Sachez qu'il s'agit d'un site très touristique où l'on frôle aussi la surpopulation en surface...

Plan p. 62, A3

www.jewishmuseum.cz

Synagogue Pinkas, Široká 3

inclus dans le billet d'entrée du Musée juif

9h-18h avr-oct, 9h-16h30 nov-mars

M Staroměstská

Pierres tombales du vieux cimetière juif

Tombe du rabbin Loew

Judah Loew ben Bezalel (1525-1609), grand rabbin de Bohême, était un érudit respecté, également connu sous le nom de Maharal (acronyme hébreu signifiant “notre enseignant, le rabin Loew”). Son nom est associé à la légende entourant la création du golem, une créature qu’il aurait façonnée dans l’argile pour protéger le ghetto pragois.

Tombe de Mordekhaï Maisel

Ce philanthrope fortuné, haut responsable de la communauté juive de la ville au XVIe siècle, finança la construction de nouveaux édifices dans le ghetto, fit paver les routes et édifier la synagogue Maisel (voir p. 59) et accorda même un prêt à l’empereur Rodolphe II.

Tombe de David Gans

Historien et astronome allemand renommé, David Gans (1541-1613) se rendit notamment à Prague pour assister aux lectures du rabbin Loew et s’installa en ville en 1564. À la demande de l’astronome danois Tycho Brahé, il traduisit en allemand les tables alphonsines (commandées par Alphonse X, roi de Castille à la fin du XIIIe siècle), permettant de calculer la position du Soleil, de la Lune et des planètes.

Tombe de Joseph Solomon Delmedigo

Cet autre grand intellectuel juif (1591-1655), médecin et philosophe, repose aussi au vieux cimetière juif. Il étudia et travailla dans toute l’Europe avant de s’installer à Prague en 1648, où il rédigea divers textes scientifiques.

À savoir

- L’accès au cimetière est compris dans le prix du billet d’entrée au Musée juif.
- Mieux vaut arriver tôt, car la fréquentation du cimetière augmente au fil des heures.
- Rappelez-vous que vous êtes dans un cimetière : attention à ne pas marcher sur les tombes.

Une petite pause ?

L’élégant Mistral Café (p. 66) se trouve à peu de distance du cimetière et constitue une bonne adresse pour un café ou un repas léger.

Également à proximité, U Rudolfina (p. 66) est un bar sans prétention qui sert de bonnes bières, dont la Pilsner Urquell.

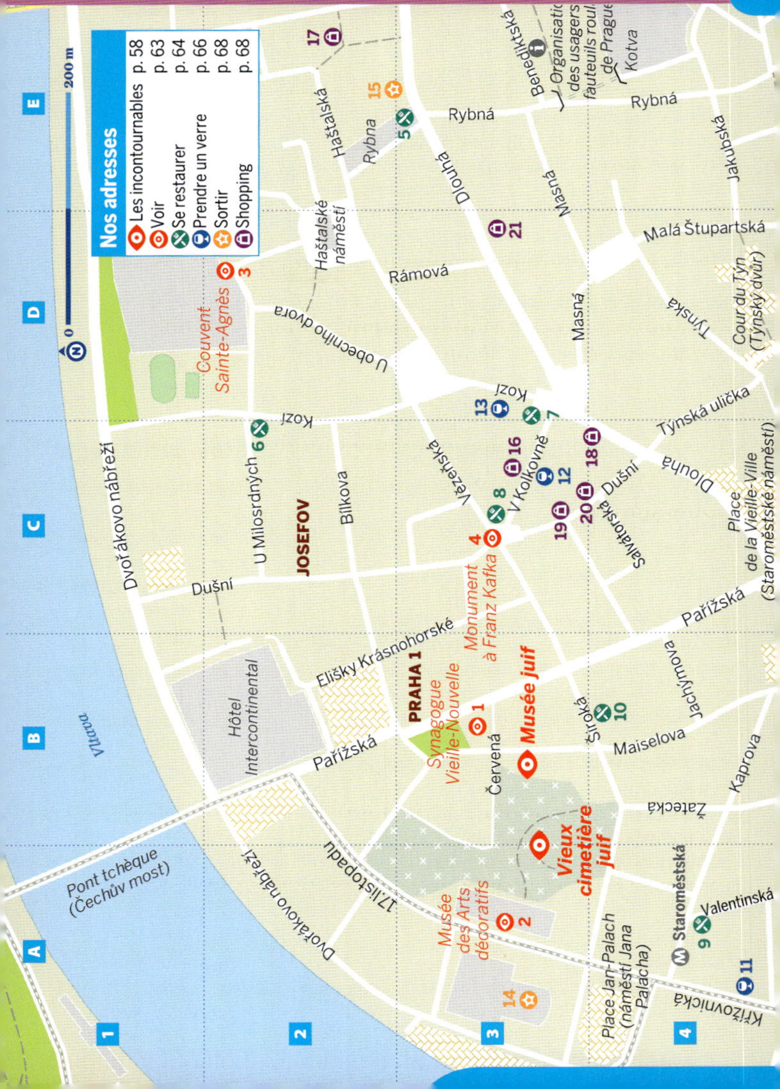
Nos adresses
Les incontournables p. 58
Voir p. 63
Se restaurer p. 64
Prendre un verre p. 66
Sortir p. 68
Shopping p. 68
0
200 m
Vltava
Pont tchèque (Čechův most)
Dvořákovo nábřeží
Hôtel Intercontinental
Couvent Sainte-Agnès
JOSEFOV
PRAHA 1
Synagogue Vieille-Nouvelle
Monument à Franz Kafka
Musée juif
Vieux cimetière juif
Musée des Arts décoratifs
Place Jan-Palach (náměstí Jana Palacha)
Place de la Vieille-Ville (Staroměstské náměstí)
Cour du Týn (Týnský dvůr)
Organisation des usagers fauteuils roulants de Prague
Kotva
Staroměstská
Pařížská
Dušní
Kozí
U Milosrdných
Bílkova
Elišky Krásnohorské
Červená
Široká
Maiselova
Jáchymova
Žatecká
Kaprova
Valentinská
Křižovnická
17.listopadu
Vězeňská
V Kolkovně
Salvátorská
Dlouhá
Týnská ulička
Týnská
Malá Štupartská
Jakubská
Masná
Rámová
U obecního dvora
Haštalská
Haštalské náměstí
Rybná
Benediktská

Synagogue Vieille-Nouvelle

Voir

Synagogue Vieille-Nouvelle

SYNAGOGUE

1 Plan p. 62, B3

Achevée vers 1270, c'est la plus vieille synagogue d'Europe encore en activité et l'un des premiers édifices gothiques de Prague. Il faut descendre pour y pénétrer, car elle est antérieure au rehaussement de Staré Město, effectué au Moyen Âge pour parer aux inondations. Les hommes doivent avoir la tête couverte (des kippas en papier sont distribuées à l'entrée). Le billet ordinaire du Musée juif de Prague ne comprend pas cette synagogue. Il vous faudra acheter un billet à part, ou prendre le circuit complet. (Staronová synagóga ; www.jewishmuseum.cz ; Červená 2 ; adulte/enfant 200/140 Kč ; 9h-18h dim-ven avr-oct, 9h-17h nov-mars ; 17)

Musée des Arts décoratifs

MUSÉE

2 Plan p. 62, A3

Ce musée ouvrit ses portes en 1900 dans le cadre d'un mouvement européen visant à rétablir les valeurs esthétiques, sacrifiées sur l'autel de la révolution industrielle. Ses quatre salles regorgent d'objets du XVIe au XIXe siècle : meubles, tapisseries, et une fabuleuse collection de verrerie. Fermé lors de nos recherches en raison d'importants travaux de rénovation,

Comprendre

Le Prague de Kafka

"Quelqu'un avait dû calomnier Josef K., car sans qu'il eût rien fait de mal, il fut arrêté un matin." La première phrase du livre de Franz Kafka, *Le Procès* (publié à titre posthume en 1925), est considérée comme l'un des plus brillants incipits de la littérature mondiale. Cette œuvre témoigne aussi de la nature déconcertante de Prague, ville d'origine de l'écrivain. On peut honorer Kafka en visitant sa maison natale, le monument qui lui est dédié (p. 64) ou se recueillir sur sa tombe (p. 116). Les inconditionnels en profiteront pour s'intéresser au musée Franz Kafka (p. 48), à la relation complexe qu'entretenait l'auteur avec Prague, une ville selon lui oppressante, mais exaltante.

le musée devrait rouvrir en 2017, avec deux fois plus d'espace pour sa collection permanente. (Uměleckoprůmyslové muzeum ; ☎778 543 901 ; www.upm.cz ; 17. listopadu 2/2 ; adulte/enfant 120/70 Kč ; 10h-19h mar, 10h-18h mer-dim ; tram 2, 17, 18)

Couvent Sainte-Agnès

GALERIE

3 Plan p. 62, D2

Dans l'angle nord-est de Staré Město, l'ancien couvent Sainte-Agnès est l'un des plus vieux édifices gothiques de Prague. Le 1er étage renferme la collection permanente d'art médiéval et début Renaissance de Bohême et d'Europe centrale (1200-1550) de la Galerie nationale, une véritable mine de tableaux d'autels gothiques et de sculptures sacrées polychromes. (Klášter sv Anežky České ; ☎728 301 377 ; www.ngprague.cz ; U Milosrdných 17 ; accès inclus dans le billet combiné de la Galerie nationale 500 Kč, billet simple tarif plein/réduit 220/120 Kč , gratuit pour les – de 18 ans ; 10h-18h mar-dim ; tram 6, 8, 15, 26)

Monument à Franz Kafka

STATUE

4 Plan p. 62, C3

Commandée par l'association pragoise Franz Kafka en 2003, cette étonnante sculpture de Jaroslav Róna, représentant un Kafka miniature juché sur les épaules d'un costume géant s'inspire du récit *Description d'un combat*, où l'auteur explore un paysage fantasmatique depuis les épaules d'une "connaissance" : symbole, peut-être, d'un autre aspect de sa personnalité. (angle Vězeňská et Dušní ; M Staroměstská)

Se restaurer

Lokál

TCHÈQUE €

5 Plan p. 62, E3

Une vraie surprise : cette brasserie tchèque typique (au cadre toutefois moderne et élégant) propose une excellente *tankové pivo* (Pilsner Urquell à la pression), un menu de spécialités de Bohême renouvelé chaque jour et un service chaleureux et efficace. La chaîne de restaurants haut de gamme Ambiente s'est attaquée à la cuisine tchèque. Résultat : l'endroit ne désemplit jamais, et accueille une clientèle essentiellement pragoise. (☎734 283 874 ; www.lokal-dlouha.ambi.cz ; Dlouhá 33 ; plats 120-235 Kč ; ⏲11h-1h lun-sam, midi-minuit dim ; Wi-Fi ; Tram 6, 8, 15, 26)

Field

TCHÈQUE **€€€**

6 Plan p. 62, C2

Troisième restaurant de Prague étoilé au guide Michelin, le Field n'est pas formel pour autant. Sa décoration mêle de façon amusante outils agricoles et art minimaliste. Le chef compose ses assiettes à la manière d'un peintre avec les meilleurs produits locaux, ainsi que des herbes et des fleurs comestibles fraîchement cueillies. Il vous faudra réserver au moins 2 semaines à l'avance. (☎222 316 999 ; www.fieldrestaurant.cz ; U Milosrdných 12 ; plats 590-620 Kč, menu dégustation 10 plats 3 200 Kč ; ⏲11h-14h30 et 18h-22h30 lun-ven, 12h-15h et 18h-22h30 sam, 12h-15h et 18h-22h dim ; Tram 17)

Bakeshop Praha

BOULANGERIE **€**

7 Plan p. 62, D3

Cette fabuleuse boulangerie vend l'un des meilleurs pains de la ville, sans oublier les pâtisseries, gâteaux, sandwiches, wraps, salades et quiches à emporter. Grosse affluence le midi. (☎222 316 823 ; www.bakeshop.cz ; Kozí 1 ; sandwiches 75-200 Kč ; ⏲7h-21h ; M Staroměstská)

Comprendre

Le Golem

Les histoires de golems, serviteurs faits d'argile, existent depuis le début du judaïsme. La plus célèbre de ces créatures mythiques aurait été créée par le rabbin Judah Loew à Prague au XVIe siècle, à l'aide de la boue des rives de la Vltava. Pourtant destinée à protéger le ghetto pragois, la créature, livrée à elle-même, fut prise de folie. Le rabbin dut alors retirer le talisman magique qui lui donnait vie. Il transporta le corps inerte dans le grenier de la synagogue Vieille-Nouvelle où, selon certains, il reposerait encore. En 1915, le roman *Le Golem* de Gustav Meyrink popularisa cette légende en Europe.

Kolkovna

TCHÈQUE **€€**

8 Plan p. 62, C3

Propriété de la brasserie Pilsner Urquell, le Kolkovna est la version moderne du pub pragois. Dans une décoration conçue par de grands designers tchèques, dégustez des variantes chics (mais copieuses) de spécialités locales : goulasch, canard rôti, étourneaux de Moravie et l'incontournable jarret de porc, le tout naturellement arrosé d'une Urquell. (☎224 819 701 ; www.vkolkovne.cz ; V Kolkovně 8 ; plats 120-390 Kč ; ⏲11h-minuit ; 📶 ; Ⓜ Staroměstská)

Mistral Café

BISTROT **€**

9 Plan p. 62, A4

Sans doute le bistrot le plus sympathique de la Vieille-Ville. Le style est moderne, frais, impeccable – pierre blanche, bouleau blanchi et arbustes en pots – et la clientèle d'étudiants et d'employés de bureau semble clairement apprécier la cuisine, bien préparée et abordable. Le *fish and chips* est délicieux. (☎222 317 737 ; www.mistralcafe.cz ; Valentinská 11 ; plats 130-250 Kč ; ⏲9h-23h ; 📶 👪 ; Ⓜ Staroměstská)

Kafka Snob Food

ITALIEN **€€**

10 Plan p. 62, B4

Adresse de prédilection des employés branchés des boutiques de créateurs de la Vieille-Ville, ce bistrot au nom énigmatique cultive un style tendance associant boiseries, banquettes en cuir tanné, conduites en acier brossé et briques peintes. Authentiques pâtes et risottos italiens, ainsi qu'excellents cafés et pâtisseries. (☎725 915 505 ; www.facebook.com/kafkasnobfood ; Široká 12 ; plats 150-300 Kč ; ⏲9h-22h lun-ven, 10h-22h dim ; 📶 ✍ ; Ⓜ Staroměstská)

100% pragois

Bière en cuve

Afin de "contrer" l'intérêt grandissant des amateurs de bière tchèques pour les brasseries artisanales et les bières régionales, les brasseries nationales cherchent toutes les parades possibles. La plus populaire est la *tankové pivo* (bière "en cuve"), bière livrée et stockée dans un grand réservoir (au lieu des petits fûts habituels) afin de mieux conserver son goût et sa fraîcheur.

Plusieurs brasseries du quartier proposent de la bière en cuve, notamment les très prisées Lokál et Kolkovna (voir pages. 64 et 65), ainsi qu'**U Rudolfina** (11 Plan p. 62, A4 ; ☎222 328 758 ; Křižovnická 10 ; ⏲11h-22h ; Ⓜ Staroměstská). Repérez l'inscription "*pivo z tanku*".

Prendre un verre

Tretter's New York Bar

BAR

12 Plan p. 62, C3

Ce bar à cocktails rappelle l'ambiance du Manhattan des années 1930 et l'époque des petits remontants bien tassés que l'on buvait avant d'aller se coucher. Cité comme l'un des meilleurs bars de la ville, il attire du beau monde, ce qui va de pair avec les tarifs élevés. Réservez. (☎224 811 165 ; www.tretters-bar.cz ; V Kolkovně 3 ; ⏲19h-3h ; Ⓜ Staroměstská)

Kozička

BAR

13 Plan p. 62, D3

La "Petite Chèvre", un bar en sous-sol animé en briques rouges et décoré de sculptures de chèvres en acier, est réputé pour sa Krušovice à la pression (55 Kč les 50 cl, attention :

Comprendre

Les juifs de Prague

Prague a toujours accueilli une communauté juive, dont le statut n'a cessé de fluctuer au cours du temps. Durant des siècles, les juifs furent contraints de vivre dans une petite zone de la Vieille Ville (aujourd'hui le quartier de Josefov). Si certaines périodes furent marquées par la terreur et les pogroms, d'autres – comme le début du XVIIe siècle – apportèrent la prospérité à cette population. Au XIXe siècle, les juifs furent autorisés à vivre en dehors du ghetto, mais un siècle plus tard la plupart d'entre eux furent exterminés par les nazis qui occupaient le pays.

Une communauté opprimée

L'implantation des juifs à Prague remonte au Xe siècle. Deux siècles plus tard, la ville comptait l'une des plus importantes communautés d'Europe. La première croisade marqua cependant le début de ses malheurs : la plus ancienne synagogue pragoise partit en fumée. Déchus de presque tous leurs droits au début du XIIe siècle, les juifs furent tenus de vivre dans un ghetto muré dont ils ne pouvaient sortir la nuit. La charge des affaires de la communauté juive incombait à l'empereur et à l'aristocratie.

L'âge d'or

La situation des juifs s'améliora sensiblement sous le règne de l'empereur Rodolphe II (r. 1576 à 1612). Des juifs fuyant l'Allemagne, l'Espagne et l'Autriche vinrent grossir les rangs de la communauté locale. L'ouverture d'écoles talmudiques et l'émergence de grandes figures, comme l'astronome David Gans (1541-1613), le financier Mordekhaï Maisel (1528-1601) ou le rabbin Loew (1525-1609), éminent talmudiste et mystique juif, firent de Prague l'un des phares de la culture ashkénaze en Europe.

Il fallut cependant attendre 1848 pour que les portes du ghetto soient abattues. Le quartier juif prend le nom de Josefov, en l'honneur de l'empereur Joseph II dont l'édit de tolérance avait émancipé les juifs pragois en 1781. Mais avec le départ des juifs aisés, le quartier sombra dans la misère. Entre 1896 et 1910, il fut assaini avant d'être reconstruit dans un style Art nouveau.

Extermination et réhabilitation

La communauté juive fut en grande partie décimée par les nazis durant la Seconde Guerre mondiale, et seuls quelques milliers de juifs vivent encore à Prague. Aujourd'hui, détail historique non dénué d'ironie tragique, la majeure partie des collections du musée juif proviennent des *shtetls* (villages juifs) détruits par les nazis. Hitler avait décidé d'apporter tous les objets ici dans l'idée sordide de fonder un "musée d'une race éteinte".

POPOVA VALERIYA/SHUTTERSTOCK ©

Rudolfinum

si les barmen vous prennent pour un touriste, ils vous donnent parfois d'emblée une *tuplák* de 1 l). Agréable pour profiter tard dans la nuit d'une atmosphère paisible. (☎224 818 308 ; www.kozicka.cz ; Kozí 1 ; ⏲16h-4h lun-jeu, 17h-5h30 ven, 18h-17h30 sam, 19h-3h dim ; 📶 ; Ⓜ Staroměstská)

Sortir

Rudolfinum

SALLE DE CONCERTS

14 ☆ Plan p. 62, A3

Achevée en 1884, la résidence néo-Renaissance de l'Orchestre philharmonique tchèque (Česká filharmonie) domine la place Jan- Palach. L'imposante **salle Dvořák**, où un grand orgue domine la scène, permet d'entendre les meilleurs musiciens classiques de Prague. (☎227 059 227 ; www.ceskafilharmonie.cz ; Alšovo nábřeží 12 ; billets 120-900 Kč ; ⏲billetterie 10h-12h30 et 13h30-18h lun-ven, jusqu'à 3h juil-août ; 🚋2, 17, 18, Ⓜ Staroměstská)

Roxy

MUSIQUE LIVE

15 ☆ Plan p. 62, E2

Installé dans la structure délabrée d'un cinéma Art déco, le légendaire Roxy fait partie depuis 1987 des clubs pragois indépendants les plus novateurs, et accueille la fine fleur des DJ tchèques. Au 1er étage, le NoD est un “espace expérimental” qui présente du théâtre, de la danse, des performances artistiques, des films et des concerts. Le meilleur lieu nocturne du quartier. (☎224 826 296 ; www.roxy.cz ; Dlouhá 33 ; entrée 150-700 Kč ; ⏲19h-5h ; 🚋6, 8, 15, 26)

Shopping

TEG

MODE

16 🛍 Plan p. 62, C3

TEG (Timoure et Group) est l'équipe de création fondée par Alexandra Pavalová et Ivana Šafránková, deux des stylistes les plus réputées de Prague. Leurs collections ajoutent piquant et sophistication à des tenues de tous les jours. Autre enseigne dans Staré Město (☎224 240 737 ; Martinská 4 ; Ⓜ Národní Třída), près de Národní třída. (☎222 327 358 ; www.timoure.cz ;

V Kolkovně 6 ; 10h-19h lun-ven, 11h-17h sam ; M Staroměstská)

Gurmet Pasáž Dlouhá
ALIMENTATION ET BOISSONS

17 Plan p. 62, E2

Apothéose de l'offre culinaire pragoise, cette galerie marchande haut de gamme dédiée à la bonne chère rassemble cafés, restaurants et commerces de bouche : chocolats, vin, fromage... Tout le monde s'y retrouve ! (www.gurmetpasazdlouha.eu ; Dlouhá 39 ; 9h-22h)

Klara Nademlýnská
MODE ET ACCESSOIRES

18 Plan p. 62, C4

Célèbre styliste du pays, Klara Nademlýnská s'est formée à Prague et a travaillé presque 10 ans à Paris. Ses vêtements, faciles à porter, se caractérisent par des lignes sobres, et des tissus de qualité. La ligne couvre tout le spectre, des maillots de bain aux robes du soir, en passant par les jeans, les chemisiers et les tailleurs. (224 818 769 ; www.klaranademlynska.cz ; Dlouhá 3 ; 10h-19h lun-ven, 10h-18h sam ; M Staroměstská)

Bohéme
MODE ET ACCESSOIRES

19 Plan p. 62, C3

Cette boutique présente les modèles de Hana Stocklassa et de ses associés, une gamme de vêtements pour femmes en maille, cuir et daim et grand choix de bijoux. (224 813 840 ; www.boheme.cz ; Dušní 8 ; 11h-19h lun-ven, 11h-17h sam ; M Staroměstská)

100% pragois

Le quartier des boutiques de mode

Josefov est le quartier de Prague où semble s'être établie la nouvelle scène tchèque de la mode, notamment au travers de boutiques indépendantes qui présentent le meilleur de la mode locale et internationale. Vous pourrez notamment rendre visite à **Dušní 3** (20 Plan p. 62, C4 ; 234 095 870 ; www.dusni3.cz ; Dušní 3 ; 10h-18h lun-sam ; M Staroměstská), une belle alternative aux chaînes de magasins de Pařížská. Vous y trouverez toute une gamme de vêtements et accessoires de créateurs comme Joseph, Ilaria Nistri ou Vivienne Westwood.

Granát Turnov
BIJOUX

21 Plan p. 62, D3

Enseigne de la plus importante chaîne de bijouteries du pays, spécialisée dans le grenat de Bohême, elle offre un choix infini et bijoux en or et argent incrustés des fameuses pierres rouges. Elle propose également des bijoux en perles et en diamants, et des pièces moins coûteuses serties de moldavite (*vltavín*), une pierre semi-précieuse vert foncé. (222 315 612 ; www.granat.eu ; Dlouhá 28-30 ; 10h-18h lun-ven, 10h-13h sam ; M Náměstí Republiky)

Explorer

Place de la Vieille-Ville et Staré Město

Avec sa belle place médiévale, son dédale d'allées et ses sites étonnants comme l'horloge astronomique, Staré Město (la Vieille Ville) est le cœur battant du centre historique. Son origine remonte au Xe siècle, avec l'apparition d'une place de marché sur la rive est de la Vltava. Un millier d'années plus tard, elle est plus vivante que jamais et, étonnamment, elle n'apparaît que peu changée par le temps.

L'essentiel en un jour

Pour découvrir le **pont Charles** (p. 74) au calme et profiter d'une vue magique, il faut se lever tôt. Arrivez par Malá Strana et traversez le pont en direction de la Vieille Ville. Ne manquez pas de monter dans la **tour du pont de la Vieille-Ville** (p. 75). Rejoignez ensuite l'**horloge astronomique** (p. 73) pour voir s'animer le mécanisme à l'heure pile avant l'arrivée de la foule.

Montez en haut de la **tour de l'ancien hôtel de ville** (p. 73) pour sa vue sur la Vieille Ville et le centre historique. Offrez-vous un déjeuner tranquille à **Kalina** (p. 80), pour découvrir de succulents plats tchèques revisités à la sauce française, puis flânez dans les pittoresques ruelles pavées autour de Betlémské náměstí, en vous arrêtant au passage devant la **chapelle de Bethléem** (p. 78), où prêchait Jan Hus.

Au crépuscule, regagnez la place de la Vieille-Ville pour admirer la superbe mise en lumière de l'**église Saint-Nicolas** (p. 73) et de l'**église Notre-Dame-de-Týn** (p. 73). Dînez sur la terrasse de l'**U Prince** (p. 79) ou savourez un verre de vin de Moravie dans le cadre glamour du **café de la Maison municipale** (p. 82). Finissez la soirée par un concert de jazz à l'**AghaRTA Jazz Centrum** (p. 84).

Les incontournables

Place de la Vieille-Ville et horloge astronomique (p. 72)

Pont Charles (p. 74)

Le meilleur du quartier

Art

Viselec ("Suspendu") (p. 79)
Maison municipale (p. 77)

Bars et cafés

Hemingway Bar (p. 84)
Čili Bar (p. 84)
U Tří růží (p. 82)

Musées

Musée du pont Charles (p. 75)
Palais Kinský (p. 78)

Restaurants

V Zátiší (p. 81)
Kalina (p. 80)

Comment y aller

Métro Ligne A jusqu'à Staroměstská (l'arrêt le plus proche de la place de la Vieille-Ville) ou ligne A ou B jusqu'à Můstek.

Tram Les lignes 2, 17 et 18 vont jusqu'à Staroměstská ; les lignes 6, 8, 15 et 26 s'arrêtent à Dlouhá třída.

Les incontournables

Place de la Vieille-Ville et horloge astronomique

Cette place pavée encadrée par des églises baroques, des flèches gothiques, des façades pastel et un palais rococo fait se télescoper les styles architecturaux. Si l'horloge astronomique, merveille de mécanique toujours en fonctionnement, a plus de 600 ans, bon nombre de bâtiments de la place de la Vieille-Ville sont encore plus anciens : certains remontent au Xe siècle.

Plan p. 76, C2

Staroměstské náměstí

M Staroměstská

Horloge astronomique

Horloge astronomique

L'horloge originelle (carillon à l'heure pile 9h-21h) de l'ancien hôtel de ville, datant de 1410, fut améliorée en 1490 par le maître horloger Hanuš, qui réalisa la merveille mécanique que l'on voit aujourd'hui. Toutes les heures, la foule se rassemble pour assister à sa petite mise en scène. L'horloge sera démontée pour rénovations en début d'année 2018.

Tour de l'ancien hôtel de ville

Grimpez en haut du **carillon de l'ancien hôtel de ville** (Věž radnice ; 236 002 629 ; www.staromestskaradnicepraha.cz ; Staroměstské náměstí 1 ; adulte/enfant 250/150 Kč, accès à l'hôtel de ville et aux souterrains inclus ; 11h-22h lun, 9h-22h mar-dim, anciens horaires), (1338) pour admirer la vue sur la place et le centre historique. Fermée lors de nos recherches, elle devrait rouvrir fin 2017.

Statue de Jan Hus

Près du centre de la place, la statue de Ladislav Šaloun représentant Jan Hus fut inaugurée le 6 juillet 1915, pour le 500e anniversaire de sa mort.

Église Notre-Dame-de-Týn

Avec ses deux flèches gothiques caractéristiques, difficile de manquer **Notre-Dame-de-Týn** (Kostel Panny Marie před Týnem ; www.tyn.cz ; don suggéré 25 Kč ; 10h-13h et 15h-17h mar-sam, 10h-midi dim mars-dec, horaires réduits en janv-fév), édifiée du XIVe au XVe siècle. Si le gothique prédomine à l'extérieur, l'intérieur privilégie le style baroque. Elle abrite la tombe de Tycho Brahé.

Église Saint-Nicolas

Ce joli **monastère** (Kostel sv Mikuláše ; www.svmikulas.cz ; Staroměstské náměstí ; entrée libre ; 10h-16h lun-sam, 12h-16h dim) baroque est relativement récent : achevé en 1735, il a remplacé une église gothique datant de la fin du XIIIe siècle. Il accueille désormais l'église hussite tchèque et sert de salle de concerts.

À savoir

- Pour avoir une meilleure vue sur l'horloge astronomique, mieux vaut venir quelques minutes avant qu'elle ne sonne 9h ou 10h.
- La tour dispose d'un ascenseur.
- À Pâques et à Noël notamment, la place de la Vieille-Ville accueille des stands d'alimentation et d'artisanat.
- À la nuit tombée, les façades de la place sont éclairées. Romantique !

Une petite pause ?

Offrez-vous un repas succulent à Kalina (p. 80), où les produits frais tchèques sont revisités de manière gastronomique.

Le soir venu, vous n'aurez que l'embarras du choix. Le Čili Bar (p. 84) est un refuge romantique idéal, mais c'est le Hemingway Bar (p. 84) qui sert les meilleurs cocktails de la ville (mieux vaut réserver).

Les incontournables
Pont Charles

On sait qu'un site a quelque chose de spécial quand le flot de touristes lui-même ne saurait entamer sa splendeur. C'est le cas du pont Charles, le monument emblématique de Prague. Commandé en 1357 par Charles IV, ce pont massif en pierre d'environ 520 m de long a été jusqu'au XIXe siècle le seul lien entre le château de Prague et la Vieille Ville, séparés par la Vltava. Il s'avère particulièrement saisissant à l'aube. Les silhouettes des statues de saints qui l'encadrent semblent alors guider le passant vers le château dominant la colline.

Plan p. 76, A2

Karlův most

24h/24

2, 17, 18 jusqu'à Karlovy lázně, 12, 15, 20, 22 jusqu'à Malostranské náměstí

Pont Charles

Vue depuis la tour du pont de la Vieille-Ville

Construite à la fin du XIVe siècle à l'extrémité est du pont Charles, l'élégante **tour du pont de la Vieille-Ville** (Staroměstská mostecká věž ; ☎224 220 569 ; www.muzeumprahy.cz ; adulte/enfant 100/70 Kč ; ⌚10h-22h avr-sept, 10h-20h mars et oct, 10h-18h nov-fév ; 🚋2, 17, 18) était destinée non seulement à servir de fortification, mais aussi à marquer l'entrée de la Vieille Ville, à la manière d'un arc de triomphe. Son sommet offre une belle vue sur le pont.

Statues religieuses

Le crucifix érigé en 1657 près de l'extrémité est fut la première sculpture à orner le pont, suivie en 1683 d'une statue de saint Jean Népomucène, hommage des Jésuites, qui inspira d'autres commandes de la part d'ordres religieux sur une période de trente ans. Aujourd'hui, la plupart sont des copies, mais certaines statues d'origine sont visibles à la porte en brique et aux casemates (p. 109) de la forteresse de Vyšehrad.

Statue de saint Jean Népomucène

La statue la plus célèbre demeure celle de saint Jean Népomucène, le saint patron de la Bohême, que Venceslas IV fit jeter du haut du pont en 1393 car il refusait de lui divulguer les propos tenus par la reine en confession – la lutte opposant l'Église à l'État constituerait en fait le véritable motif de cet assassinat. Frotter la plaque en bronze fixée sur le socle porterait bonheur.

Musée du pont Charles

Découvrez toutes les vicissitudes que le pont a connues au **musée du pont Charles** (Muzeum Karlova Mostu ; ☎776 776 779 ; www.charlesbridgemuseum.com ; Křížovnické náměstí 3 ; tarif plein/réduit 170/70 Kč ; ⌚10h-18h ; 🚋2, 17, 18), près de l'entrée du pont, côté Vieille Ville. Vous serez presque surpris qu'il tienne encore debout !

☑ À savoir

- Traversez le pont de bon matin pour éviter la foule.
- Faites attention à vos effets personnels. Des pickpockets officient sur le pont, surtout l'été.
- Prévoyez de traverser le pont au moins deux fois, en direction du château et en sens inverse.
- Le lever du jour est le moment idéal pour prendre des photos. L'hiver, le pont sous la neige fera des clichés mémorables.

Une petite pause ?

Non loin de l'accès au pont côté Vieille Ville, le café pour étudiants Cafe Kampus (p. 82) est sympathique pour se détendre autour d'un verre ou d'un café.

Offrez-vous un repas gastronomique accompagné de vin tchèque au Bellevue (p. 81) ou au V Zátiší (p. 81), côté Vieille Ville.

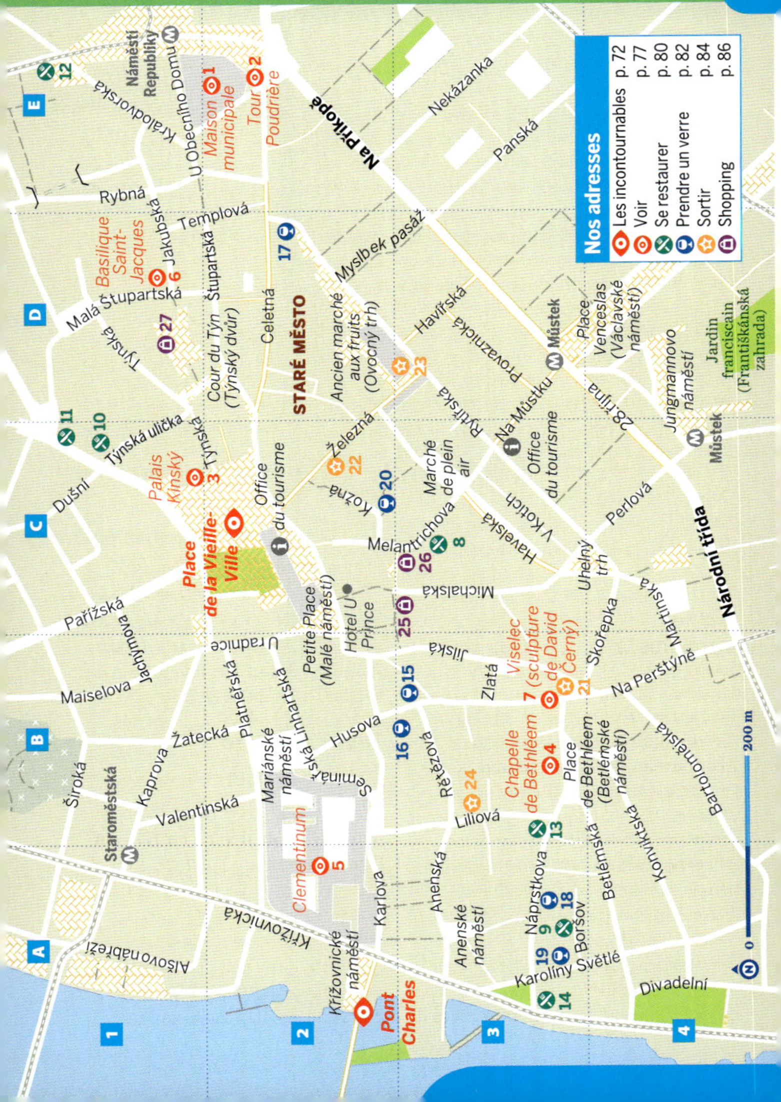
Nos adresses
Les incontournables p. 72
Voir p. 77
Se restaurer p. 80
Prendre un verre p. 82
Sortir p. 84
Shopping p. 86
Place de la Vieille-Ville
STARÉ MĚSTO
Pont Charles
Maison municipale 1
Tour Poudrière 2
Palais Kinský 3
Chapelle de Bethléem 4
Clementinum 5
Basilique Saint-Jacques 6
Viselec (sculpture de David Černý) 7
Náměstí Republiky
Na Příkopě
Nekázanka
Panská
Králodvorská
U Obecního Domu
Rybná
Templová
Jakubská
Štupartská
Malá Štupartská
Týnská
Cour du Týn (Týnský dvůr)
Celetná
Myslbek pasáž
Havířská
Ancien marché aux fruits (Ovocný trh)
Železná
Provaznická
Můstek
Place Venceslas (Václavské náměstí)
Jardin franciscain (Františkánská zahrada)
Jungmannovo náměstí
28.října
Na Můstku
Office du tourisme
Rytířská
Marché de plein air
V Kotcích
Havelská
Perlová
Uhelný trh
Národní třída
Martinská
Skořepka
Na Perštýně
Bartolomějská
Týnská ulička
Dušní
Kozí
Melantrichova
Michalská
Pařížská
Jáchymova
Maiselova
U radnice
Petite Place (Malé náměstí)
Hotel U Prince
Jilská
Zlatá
Husova
Platnéřská
Žatecká
Kaprova
Široká
Valentinská
Staroměstská
Mariánské náměstí
Linhartská
Seminářská
Řetězová
Liliová
Anenská
Anenské náměstí
Karlova
Křižovnická
Křižovnické náměstí
Alšovo nábřeží
Náprstkova
Betlémská
Place de Bethléem (Betlémské náměstí)
Konviktská
Karolíny Světlé
Boršov
Divadelní
200 m

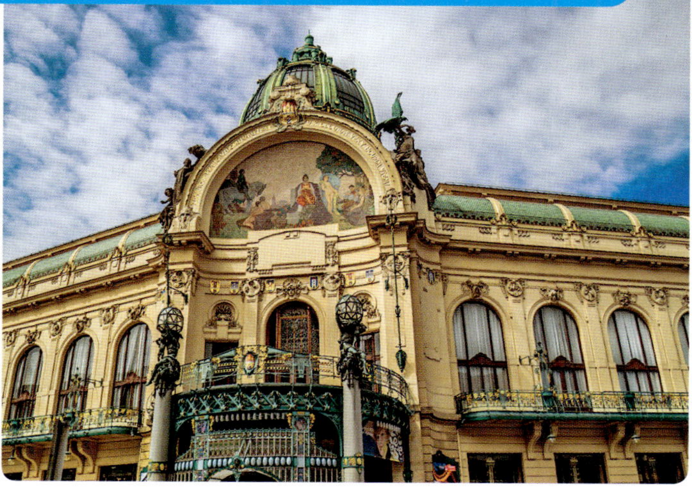

Maison municipale

Voir

Maison municipale

ÉDIFICE HISTORIQUE

1 Plan p. 76, E2

Restauré dans les années 1990 après des décennies d'abandon, l'édifice Art nouveau le plus exubérant de Prague est une véritable œuvre d'art où chaque peinture et chaque sculpture est chargée de symboles. Le **restaurant** (222 002 770 ; www.francouzskarestaurace.cz ; plats 695 Kč ; 12h-23h) et le **café** (voir p. 82) ressemblent eux-mêmes à des musées Art nouveau. L'étage abrite une demi-douzaine de salles somptueusement décorées, que l'on peut admirer lors de visites guidées. (Obecní dům ; 222 002 101 ; www.obecnidum.cz ; náměstí Republiky 5 ; visite guidée tarif plein/réduit/– de 10 ans 290/240 Kč/gratuit ; zones publiques 7h30-23h, centre d'information 10h-20h ; M Náměstí Republiky ; 6, 8, 15, 26)

Tour Poudrière

TOUR

2 Plan p. 76, E2

La construction de la tour Poudrière, haute de 65 m, débuta en 1475 sur l'emplacement de l'une des 13 portes de Staré Město. Ce monument aux fioritures gothiques n'abrite rien de plus que quelques panneaux d'information sur sa construction. Son principal atout est le panorama dont on jouit depuis le sommet.

(Prašná brána ; www..muzeumprahy.cz ; Na příkopě ; adulte/enfant 100/70 Kč ; ⏲10h-22h avr-sept, 10h-20h oct et mars, 10h-18h nov-fév ; M Náměstí Republiky)

Palais Kinský

MUSÉE

3 ⊙ Plan p. 76, C1

La façade du palais Kinský, de style baroque tardif, est sans doute la plus belle du genre à Prague ; elle fut achevée en 1765 par Kilian Dientzenhofer. Le palais abrite désormais les collections d'antiquités et d'art oriental de la Galerie nationale, notamment des trésors provenant de tombeaux égyptiens, des poteries d'Apulie (IVe siècle av. J.-C.), et de superbes exemples de calligraphie chinoise et japonaise et d'arts décoratifs extrême-orientaux.

(Palác Kinských ; ☎224 301 122 ; www.ngprague.cz ; Staroměstské náměstí 12 ; accès inclus dans le billet combiné de la Galerie nationale 500 Kč, billet simple tarif plein/réduit 150/80 Kč, gratuit pour les – de 18 ans ; ⏲10h-18h mar-dim ; P ; M Staroměstská)

Chapelle de Bethléem

ÉGLISE

4 ⊙ Plan p. 76, B3

C'est dans ce monument culturel national que naquit la cause hussite. En 1391, des Pragois obtinrent la

Comprendre

Le spectacle de l'horloge astronomique

Toutes les heures (de 9h à 21h), une foule se masse au pied de la tour de l'ancien hôtel de ville pour admirer l'horloge astronomique à l'œuvre. C'est un spectacle amusant, bien qu'un peu décevant, qui ne dure même pas une minute entière. Si la plupart des visiteurs se contentent d'admirer le mécanisme, il est toutefois intéressant de comprendre un peu le symbolisme historique de cette horloge très photogénique.

Les quatre statues sont des allégories des préoccupations morales de la société pragoise du XVe siècle : la **Vanité** (avec un miroir), l'**Avarice** (avec une imposante bourse), la **Mort** (le squelette) et l'**Envie** (représentée par un prince turc). Les quatre personnages en dessous sont le Chroniqueur, l'Ange, l'Astronome et le Philosophe.

Toutes les heures, la Mort sonne le glas et retourne son sablier, tandis que les 12 apôtres défilent devant les fenêtres au-dessus des cadrans en saluant la foule. Sur la gauche se tiennent **Paul** (attributs : épée et livre), **Thomas** (lance), **Jude** (livre), **Simon** (scie), **Barthélemy** (livre) et **Barnabé** (parchemin) ; sur la droite, **Pierre** (clé), **Matthieu** (hache), **Jean** (serpent), **André** (croix), **Philippe** (croix) et **Jacques** (maillet). Enfin, un coq chante et l'horloge sonne l'heure. Cet ingénieux mécanisme sera retiré pour rénovations en début d'année 2018. L'ensemble devrait être remis en place à l'été 2018.

permission de bâtir une chapelle privée où ils pourraient célébrer la messe en tchèque plutôt qu'en latin. Jan Hus y prêcha de 1402 à 1412, lançant le mouvement de la Réforme (voir p. 27). Tous les 5 juillet, la veille de l'anniversaire de sa mort sur le bûcher en 1415, un office commémoratif est célébré, cloches et discours à l'appui. (Betlémská kaple ; ☎224 248 595 ; www.bethlehemchapel.eu ; Betlémské náměstí 4 ; adulte/enfant 60/30 Kč ; ⌚10h-18h nov-mars, 10h-19h avr-oct ; 🚋2, 9, 18, 22)

Clementinum

ÉDIFICE HISTORIQUE

5 ◉ Plan p. 76, A2

Ce vaste ensemble de superbes salles baroques et rococo est occupé par la Bibliothèque nationale tchèque. Seule une visite guidée permet de découvrir la bibliothèque, la salle du Méridien, la tour astronomique et la chapelle des Miroirs. Lors de nos recherches, les visites guidées n'étaient plus garanties. Renseignez-vous. (☎733 129 252 ; www.klementinum.com ; entrées sur Křížovnická, Karlova et Mariánské náměstí ; visite guidée adulte/enfant 220/140 Kč ; ⌚10h-16h30 janv-fév, 10h-18h avr-oct, 10h-17h30 nov-déc, 10h-16h nov, déc-mars ; Ⓜ Staroměstská, 🚋2, 17, 18)

Basilique Saint-Jacques

ÉDIFICE RELIGIEUX

6 ◉ Plan p. 76, D1

Cette imposante église gothique fut le sanctuaire d'un couvent franciscain au XIVe siècle, avant d'être remaniée dans le style baroque au début du XVIIIe siècle. La façade présente trois bas-reliefs foisonnants d'Ottavio Mosto. La hauteur de l'église et la décoration des plafonds sont exceptionnelles. Parmi les ors et les stucs figure néanmoins une sinistre relique : un bras humain desséché qui pend sur le mur ouest (levez les yeux vers la droite en entrant). D'après la légende, un voleur tenta de dérober les joyaux de la statue de la Vierge vers l'an 1400, mais celle-ci saisit son poignet avec tant de vigueur qu'il fallut lui couper le bras. (Bazilika sv Jakuba ; Malá Štupartská 6 ; entrée libre ; ⌚9h30-midi et 14h-16h mar-sam, 14h-16h dim ; Ⓜ Náměstí Republiky)

> **À savoir**
>
> **Vue imprenable sur la place de la Vieille-Ville**
>
> Certes, la cuisine de l'**Hotel U Prince** (Plan p. 76, C2 ; ☎737 261 842 ; www.hoteluprince.com ; Staroměstské náměstí 29 ; plats 230-550 Kč ; ⌚11h-23h ; Ⓜ Můstek) n'a rien d'exceptionnel. Mais quelle vue sur la place de la Vieille-Ville ! Pour atteindre sa terrasse sur le toit, prenez l'ascenseur au fond du hall d'entrée jusqu'en haut, puis montez les marches.

Viselec

SCULPTURE

7 ◉ Plan p. 76, B3

Encore une excentricité de l'artiste David Černý. En levant

100% pragois

Restaurants végétariens de Staré Město

La Vieille Ville de Prague compte quelques bons restaurants végétariens. Nos préférés :

Country Life (8 Plan p. 76, C3 ; 224 213 366 ; www.countrylife.cz ; Melantrichova 15 ; plats 90-180 Kč ; 10h30-19h30 lun-jeu, 10h30-15h30 ven, midi-18h dim ; ; M Můstek). Cafétéria végétalienne qui propose des salades, du goulasch sans viande, des burgers aux graines de tournesol et des boissons au soja à prix doux.

Lehká Hlava (9 Plan p. 76, A3 ; 222 220 665 ; www.lehkahlava.cz ; Boršov 2 ; plats 200-240 Kč ; 11h30-23h30 lun-ven, midi-23h30 sam et dim ; ; 2, 17, 18). Niché dans un étroit cul-de-sac, le "Tête Claire" est déjà un univers en soi, avec ses deux curieuses salles à manger vaguement psychédéliques.

Maitrea (10 Plan p. 76, C1 ; 221 711 631 ; www.restaurace-maitrea.cz ; Týnská ulička 6 ; plats 200-240 Kč, déj en semaine 135 Kč ; 11h30-23h30 lun-ven, midi-23h30 sam-dim ; ; M Staroměstská). Un espace magnifiquement aménagé aux plats végétariens inventifs.

les yeux en arrivant de Husova, vous pourrez voir un individu barbu à lunettes, qui n'est pas sans rappeler Sigmund Freud, suspendu tranquillement par une main à un poteau au-dessus du sol. ("Suspendu" ; Husova ; 2, 9, 18, 22)

Se restaurer

Kalina

FRANÇAIS **€€€**

11 Plan p. 76, C1

Ce petit restaurant chic et sympathique donne le ton en proposant une cuisine d'inspiration française élaborée à partir des meilleurs ingrédients tchèques, notamment escargots de Prague à la moelle de bœuf et purée de persil, et ris de veau rôtis aux châtaignes glacées et truffes noires. Formule déjeuner de deux plats intéressante, de 150 Kč à 330 Kč. (222 317 715 ; www.kalinarestaurant.cz ; Dlouhá 12 ; plats 500-900 Kč ; midi-15h et 18h-23h30 ; ; 6, 8, 15, 26)

Pizza Nuova

ITALIEN **€€**

12 Plan p. 76, E1

Avec sa salle au 1er étage équipée de tables, de banquettes et de grandes fenêtres donnant sur la place de la République, cette pizzéria propose pour un prix modique (298 Kč/pers avant 18h, 385 Kč après) une formule buffet pâtes ou pizza (buffet d'antipasti plus une pizza/pâtes 485/595 Kč.) Vin au verre de 88 Kč à 188 Kč. (221 803 308 ; www.pizzanuova.ambi.cz ;

OSCITY/SHUTTERSTOCK ©

Grand Café Orient

Revoluční 1 ; plats 200-500 Kč ; 11h30-23h30 ; ; Náměstí Republiky)

V Zátiší

TCHÈQUE, INDIEN **€€€**

13 Plan p. 76, B3

Réputé pour la qualité de sa cuisine, le V Zátiší ("Nature morte") est l'une des meilleures tables de Prague. Le cadre est moderne et audacieux, avec une vaisselle originale, des papiers peints aux motifs osés et des chaises en panne de velours couleur cappuccino. La carte mêle cuisine indienne haut de gamme et plats tchèques revisités – le canard de Bohême du Sud et ses raviolis au chou blanc et aux herbes est fantastique. (222 221 155 ; www.vzatisi.cz ; Liliová 1 ; menu 2/3 plats 990/1 190 Kč ; midi-15h et 17h30-23h ; ; 2, 17, 18)

Bellevue

INTERNATIONAL **€€€**

14 Plan p. 76, A3

Réservez une table à la terrasse de cet établissement et contemplez la vue sur le fleuve et le château en savourant une cuisine gastronomique. Bellevue est spécialisé dans les plats fusion comme le rôti de veau aux truffes noires ou les côtes d'agneau de Nouvelle-Zélande assaisonnées de thym citron. Le menu avec trois plats est celui qui offre le meilleur rapport qualité/prix. (222 221 443 ; www.bellevuerestaurant.cz ; Smetanovo nábr 18 ;

plats 850 Kč, menu 3 plats 1 790 Kč ; 11h-23h ; ; 2, 17, 18)

Prendre un verre

U Tří růží

BRASSERIE

15 Plan p. 76, B3

Alors que l'on recensait plus de 20 brasseries dans la Vieille Ville au XIXe siècle, il n'en restait plus qu'une seule en 1989 (U Medvidku). Installée à l'emplacement de l'une de ces anciennes brasseries, la microbrasserie des "trois roses" fait revivre la tradition avec pas moins de six bières à la pression, dont une délicieuse *světlý ležák* (pale lager ; 56 Kč, 40 cl). Cadre agréable et cuisine très correcte. (601 588 281 ; www.u3r.cz ; Husova 10 ; 11h-23h dim-jeu, 11h-minuit ven et sam ; 2, 17, 18)

U Zlatého Tygra

TAVERNE

16 Plan p. 76, B3

Bistrot favori du romancier Bohumil Hrabal, le "Tigre doré" est l'un des rares bars de la Vieille Ville à avoir conservé son âme et ses prix raisonnables (Pilsner Urquell 45 Kč, 40 cl), malgré sa proximité avec la place de la Vieille-Ville. (222 221 111 ; www.uzlatehotygra.cz ; Husova 17 ; 15h-23h ; M Staroměstská)

Kavárna Obecní Dům

CAFÉ

Le spectaculaire café de l'opulente **Maison municipale** (voir 1 Plan p. 76, E2) donne l'occasion de siroter un cappuccino dans une débauche de splendeur Art nouveau. (222 002 763 ; www.kavarnaod.cz ; náměstí Republiky 5 ; 7h30-23h ; ; M Náměstí Republiky)

Grand Café Orient

CAFÉ

17 Plan p. 76, D2

Le seul café cubiste de Prague, conçu par Josef Gočár en 1912, l'est dans les moindres détails, jusqu'aux abat-jour et patères. Fermé depuis 1920, il a été restauré et a rouvert ses portes en 2005. Le bâtiment, qui abrite le café, remplace une maison baroque dont seule la statue d'une Vierge noire a été conservée ; elle donne son nom à la maison. Café correct et cocktails bon marché, mais le service laisse parfois à désirer. (224 224 240 ; www.grandcafeorient.cz ; Ovocný trh 19 ; 9h-22h lun-ven, 10h-22h sam-dim ; M Náměstí Republiky)

Café Kampus

CAFÉ

18 Plan p. 76, A3

Très prisé des étudiants de l'université Charles voisine, ce sympathique café se double d'une galerie d'art et d'un lieu de concerts. On y trouve des journaux et des livres tchèques à feuilleter, ainsi qu'une sélection d'excellents thés et cafés. (775 755 143 ; www.cafekampus.cz ; Náprstkova 10 ; 10h-1h lun-ven, midi-1h sam, midi-23h dim ; ; 2, 17, 18)

Comprendre

Prague littéraire

Prague a la réputation méritée d'être une grande capitale littéraire. Les noms de Franz Kafka et de Milan Kundera sont familiers de nombreux lecteurs, mais les racines littéraires de Prague sont plus profondes encore, et il n'est pas étonnant que le premier président de l'ère postcommuniste, Václav Havel, eût été un dramaturge. La capitale tchèque fut aussi autrefois un foyer de la littérature allemande.

Les grands noms de la littérature tchèque

Outre Milan Kundera (né en 1929), incontournable des programmes scolaires, Prague a été le lieu de résidence du fabuleux conteur Bohumil Hrabal (1914-1997), dont de nombreux titres ont été traduits en français. Le film adapté de son roman *Des trains étroitement surveillés* a remporté l'Oscar du meilleur film étranger en 1968. Autre grand nom, Jaroslav Hašek (1883-1923) a notamment écrit *Le Brave Soldat Chvéïk*, d'une véritable fulgurance comique. Le poète tchèque Jaroslav Seifert (1901- 1986) a remporté le prix Nobel de poésie en 1984.

Les auteurs germanophones

Aux XIXe et XXe siècles, Prague était le centre de la littérature allemande. Kafka (1883-1924), écrivain juif germanophone, en reste la référence incontestée : ses romans, comme *Le Procès* ou *Le Château*, sont devenus des classiques. Mais Prague était également la ville de résidence de l'ami et éditeur de Kafka, Max Brod (1884-1968), ainsi que d'autres écrivains comme Egon Erwin Kisch (1885-1948) et Franz Werfel (1890-1945). Citons aussi Rainer Maria Rilke (1875-1926), l'un des plus célèbres poètes germanophones, qui naquit et étudia à Prague.

Nouvelles voix

L'époque moderne ne manque pas d'auteurs tchèques de talent : Jáchym Topol (né en 1962), Petra Hůlová (1979), Michal Viewegh (1962), Michal Ajvaz (1949), Emil Hakl (1958) et Miloš Urban (1967) prennent progressivement place parmi les plus grands auteurs du pays, poussant vers la sortie les figures de l'ancienne garde comme Kundera, aujourd'hui perçus comme les chroniqueurs d'une époque entièrement différente, postsoviétique. Encore récemment, peu d'entre eux avaient été traduits en français, mais la donne change progressivement. Citons notamment *Les sept églises* de Miloš Urban (Au Diable Vauvert, 2011), *Les Montagnes rouges* de Petra Hůlová (Éditions de l'Olivier, 2005) ou *L'Atelier du Diable* de Jáchym Topol (Noir sur Blanc, 2012).

Hemingway Bar

BAR À COCKTAILS

19 Plan p. 76, A3

Repaire douillet et sophistiqué, le Hemingway possède une arrière-salle aux allures de bibliothèque, ainsi qu'un éclairage aux chandelles. L'établissement affiche un choix impressionnant d'alcools de qualité (notamment du rhum), de cocktails de premier ordre et de champagne. Barmen courtois et professionnels. (773 974 764 ; www.hemingwaybar.eu ; Karolíny Světlé 26 ; 17h-1h lun-jeu, 17h-2h ven, 19h-2h sam, 19h-1h dim ; ; 2, 17, 18)

Čili Bar

BAR À COCKTAILS

20 Plan p. 76, C2

Question atmosphère, ce minuscule bar à cocktails est à mille lieues du classique bar de la Vieille Ville. Quelques fauteuils en cuir défraîchis se disputent l'espace avec une poignée de tables, le tout dans une ambiance à la fois décontractée et animée. Ne manquez pas la spécialité dont la maison tire son nom : un rhum aromatisé de piments rouges finement hachés. (724 379 117 ; www.cilibar.cz ; Kožná 8 ; 18h-2h ; ; M Můstek)

Sortir

Jazz Republic

MUSIQUE LIVE

21 Plan p. 76, B3

Malgré son nom, ce club à l'ambiance décontractée ne propose pas seulement du jazz, mais aussi rock, blues, reggae, fusion et autres styles musicaux. Les groupes sont locaux pour la plupart et la musique n'est pas trop forte, ce qui permet de tenir une conversation, quitte à provoquer les "chut !" des puristes. (221 183 552 ; www.jazzrepublic.cz ; Jilská 1a ; entrée libre ; Ouverture 20h, 22h jeu, musique 21h15-minuit ; M Národní Třída)

AghaRTA Jazz Centrum

JAZZ

22 Plan p. 76, C2

L'AghaRTA, qui programme le meilleur du jazz moderne, du blues, du funk et de la fusion depuis 1991, a déménagé dans cet endroit très central de la Vieille Ville en 2004. Outre la typique cave de jazz, avec voûtes en brique rouge, le centre comprend aussi une **boutique** (19h-minuit) qui vend des CD, des T-shirts et des mugs. Outre les musiciens tchèques, le club accueille à l'occasion de grands artistes internationaux. (222 211 275 ; www.agharta.cz ; Železná 16 ; 250 Kč ; 19h-1h, concerts 21h-minuit ; M Můstek)

Salle Smetana

MUSIQUE CLASSIQUE

Fleuron de la superbe **Maison municipale** (voir 1 Plan p. 76, E2), la salle Smetana est la plus grande salle de concerts de la ville avec 1 200 places sous un dôme de verre Art déco. Des sculptures représentant la légende de Vyšehrad et des danses slaves encadrent la scène (respectivement à droite et à gauche). Siège de l'Orchestre symphonique

Théâtre des États

de Prague (Symfonický orchestr hlavního města Prahy), elle programme aussi des spectacles de danse et de musique folkloriques. (Smetanova síň ; ☎222 002 101 ; www.obecnidum.cz ; náměstí Republiky 5 ; billets 400-900 Kč ; ⏲billetterie 10h-18h ; Ⓜ Náměstí Republiky)

Théâtre des États

OPÉRA, DANSE

23 ☆ Plan p. 76, D3

C'est dans ce théâtre, le plus vieux de la ville, que Mozart dirigea la première de *Don Giovanni* le 29 octobre 1787. On y donne régulièrement cette œuvre et d'autres du génie autrichien, de même que divers autres opéras, ballets et représentations théâtrales classiques. (Stavovské divadlo ; ☎224 901 448 ; www.narodni-divadlo.cz ; Ovocný trh 1 ; places 100-990 Kč ; ⏲billetterie 10h-18h ; Ⓜ Můstek)

Blues Sklep

JAZZ

24 ☆ Plan p. 76, B3

Parmi les clubs de jazz récents, le Blues Sklep (*sklep* signifie “cave”) est une cave typique de la Vieille Ville, avec des salles gothiques voûtées qui ne manquent pas de charme. Tous les soirs s'y produisent divers groupes de jazz – New Orleans, be-bop, blues, funk, soul… (☎221 466 138 ; www.bluessklep.cz ; Liliová 10 ; 100-150 Kč ; ⏲bar 19h-2h30, concerts 21h-minuit ; 🚋2, 17, 18)

Shopping

Art Deco Galerie
ANTIQUITÉS

25 Plan p. 76, C3

Spécialiste du XXe siècle, cet antiquaire offre un grand choix d'objets des années 1920 et 1930 – vêtements, sacs à main, bijoux, verrerie, céramiques... (224 223 076 ; www.artdecogalerie-mili.com ; Michalská 21 ; 14h-19h lun-ven, 14h-18h sam ; M Můstek)

Modernista
ARTICLES POUR LA MAISON

Enseigne de design spécialisée en reproductions de meubles, céramiques, verreries et bijoux du XXe siècle (Art déco, cubisme, fonctionnalisme, Bauhaus, etc). Cette boutique, située dans le centre d'information de la **Maison municipale**, (voir 1 Plan p. 76, E2) vend principalement bijoux et céramiques. L'adresse principale de l'enseigne, au **Pavillon Vinohradský** (Vinohradská tržnice ; www.pavilon.cz ; Vinohradská 50, Vinohrady ; 10h-19h30 lun-ven, 10h-18h sam ; M Jiřího z Poděbrad, 11, 13), propose une gamme plus large, dont les fauteuils aux courbes sensuelles qui caractérisent l'Icon Hotel, et une méridienne atypique signée Adolf Loos. (222 002 102 ; www.modernista.cz ; náměstí Republiky 5 ; 10h-18h ; M Náměstí Republiky)

Manufaktura
ART ET ARTISANAT

26 Plan p. 76, C3

S'il existe plusieurs enseignes Manufaktura en ville, celle-ci,

Comprendre

Les mésaventures de Tycho Brahé

Enterré à Notre-Dame-de-Týn (p. 73), Tycho Brahé (1546-1601) était un sacré personnage. Ce père danois de l'astronomie moderne identifia des milliers d'étoiles, effectua des observations étonnamment précises avant l'invention du télescope, et aida son assistant Johannes Kepler à établir les lois du mouvement planétaire.

Il arriva à Prague en 1599 en tant que mathématicien officiel de Rodolphe II. Cependant, Brahé pratiquait aussi un peu d'astrologie et d'alchimie. Il perdit un bout de nez dans un duel et porta un postiche en métal. Il possédait également un élan domestique qui, après avoir apparemment bu trop de bière, dévala les escaliers et mourut.

Brahé décèda à Prague en 1601. Il serait mort des suites d'une cystite parce qu'il aurait été trop poli pour aller aux toilettes durant un long banquet. Ce n'est que récemment que les historiens ont émis l'hypothèse d'un empoisonnement. Le mystère reste cependant entier.

Vitrail de la Maison municipale (p. 77)

près de la place de la Vieille-Ville, est particulièrement séduisante. Vous y trouverez de magnifiques jouets en bois tchèques, un succulent pain d'épices au miel (attention aux dents !) sorti d'un moule médiéval sophistiqué, ou encore des cadeaux de saison comme des œufs de Pâques peints à la main. (601 310 611 ; www.manufaktura.cz ; Melantrichova 17 ; 10h-20h ; M Můstek)

Botanicus

COSMÉTIQUES

27 Plan p. 76, D1

Toujours bondée, cette pharmacie vend des produits de soins et de beauté naturels. Les savons parfumés, huiles de bain, shampooings et articles en papier sont tous fabriqués à l'aide d'herbes et de plantes cultivées dans une ferme bio à Ostrá, à l'est de Prague. (234 767 446 ; www.botanicus.cz ; Týn 3 ; 10h-18h30 nov-mars, 10h-20h avr-oct ; M Náměstí Republiky

Explorer

Place Venceslas et ses environs

Sorte de large boulevard, la place Venceslas fut le théâtre de nombreux épisodes de l'histoire tchèque depuis sa création en 1348 et garde les traces de sa grandeur passée – voyez les splendides façades Art nouveau –, bien qu'elle soit aujourd'hui envahie de boutiques de souvenirs, de restaurants, d'hôtels, de clubs… et de touristes.

L'essentiel en un jour

Débutez la journée par la **place Venceslas** (p. 90). Pièce maîtresse du quartier de Nové Město ("nouvelle ville"), elle affiche un éclectisme architectural, où la façade Art nouveau du **Grand Hotel Evropa** (p. 91) se distingue particulièrement. En remontant la place,faites un saut à l'**Hotel Jalta** (p. 93) qui recèle un bunker antiatomique. À l'extrémité sud de la place, admirez la **statue de Venceslas** (p. 91). Le **Musée national** (voir l'encadré p. 95) est fermé pour rénovation, mais on peut toujours profiter de la vue depuis la terrasse. Enfin, ne manquez pas le **mémorial à Jan Palach** (p. 91), juste en bas des marches, et le bâtiment de **Radio Free Europe** (p. 91), qui fait désormais partie du Musée national.

Quittez la place vers le nord pour déjeuner d'une cuisine traditionnelle tchèque arrosée d'une bière chez **U Ferdinanda** (p. 96). Une fois repu, dirigez-vous vers le **musée Mucha** (p. 93), à quelques pas, pour admirer les œuvres du célèbre peintre et affichiste du tournant du XXe siècle.

Pour le dîner, optez pour les délicieuses tapas du **Room** (p. 95), des côtelettes et une bière chez **Jáma** (p. 96), ou un repas plus léger au **Styl & Interier** (p. 95). En soirée, assistez à un opéra ou à un ballet à l'**opéra d'État de Prague** (p. 97).

Les incontournables

Place Venceslas (p. 90)

Le meilleur du quartier

Architecture

Grand Hotel Evropa (p. 91)

Culture

Opéra d'État (p. 97)

Kino Světozor (p. 97)

Musées

Musée Mucha (p. 93)

Musée du Communisme (p. 94)

Restaurants

Room (p. 95)

U Ferdinanda (p. 96)

Shopping

Moser (p. 99)

Baťa (p. 99)

Vie nocturne

Lucerna Music Bar (p. 97)

Comment y aller

M **Métro** Lignes A et B station Můstek (en bas de la place) ; lignes A et C station Muzeum (en haut de la place).

Les incontournables
Place Venceslas

Marché aux chevaux (Koňský trh) et lieu des exécutions de Nové Město, la "Nouvelle Ville" décidée au XIVe siècle par l'empereur Charles IV, la place Venceslas prit le nom du saint patron de la Bohême à la faveur du renouveau nationaliste du milieu du XIXe siècle. C'est là que fut proclamée la république de Tchécoslovaquie le 28 octobre 1918 et que l'on fêta la fin de la Seconde Guerre mondiale en 1945. Durant la "révolution de Velours", elle fut le foyer d'une vague de soulèvements qui mena à la chute du régime communiste.

Plan p. 92, C3

Václavské náměstí

M Můstek ou Muzeum

Statue de saint Venceslas

Mémorial à Jan Palach

Le **mémorial** (Václavské náměstí 68 ; 24h/24 ; M Muzeum), une croix en bronze sertie dans le pavé en contrebas des marches menant au Musée national rappelle le geste dramatique de Jan Palach le 16 janvier 1969. Cet étudiant s'immola par le feu pour protester contre l'invasion soviétique d'août 1968 et la soumission du Parti communiste tchécoslovaque à l'URSS.

Ancien bâtiment de Radio Free Europe

Pendant la guerre froide, nombre de Tchèques et de Slovaques écoutaient les nouvelles de l'Ouest sur Radio Free Europe (RFE), financée par les États-Unis. Après 1989 et la chute du régime communiste, la radio déplaça son siège de Munich à Prague, dans l'ancien Parlement fédéral tchécoslovaque (en haut de la place, à gauche du Musée national). En 2008, elle s'est installée dans la banlieue de Prague. L'ancien siège est aujourd'hui une annexe du Musée national (voir l'encadré p. 95).

Statue de saint Venceslas

Installée en 1912 à l'extrémité sud de la place, **la statue équestre** (sv Václav ; Václavské náměstí ; M Muzeum) du saint patron du pays, duc de Bohême de 925 à 929, est l'œuvre du sculpteur Josef Václav Myslbek. Quatre autres saints patrons de la région – Procope, Agnès, Ludmilla et Adalbert – l'entourent.

Grand Hotel Evropa

Superbe exemple d'architecture Art nouveau, ce grand hôtel situé au numéro 25 de la place en est l'édifice le plus ornementé et sans doute l'un des plus beaux. Construit entre 1902 et 1906, il a conservé sa superbe façade ainsi que nombre d'éléments intérieurs d'origine. Il était hélas fermé pour rénovation lors de notre passage et la date de réouverture incertaine.

À savoir

- Lors des jours fériés et des fêtes, des stands de nourriture et de boisson investissent la place.
- Surveillez vos effets personnels, surtout le soir : des pickpockets sévissent sur la place.
- Les restaurants de la place sont souvent des attrape-touristes. Vous trouverez d'autres adresses à proximité.

Une petite pause ?

Pour échapper à la foule, enfoncez-vous dans le **passage Lucerna** (6 Plan p. 92, C3 ; entrée par Vodičkova ou Štěpánská). au sud de la place Venceslas

Le **Kavárna Lucerna** (224 215 495 ; Palác Lucerna ; 10h-minuit ; ; 3, 5, 6, 9, 14, 24), à l'étage, et le **Kávovarna** (296 236 233 ; Palác Lucerna ; 8h-minuit ; 3, 5, 6, 9, 14, 24), repaire d'étudiants au rez-de-chaussée, sont parfaits pour prendre un café.

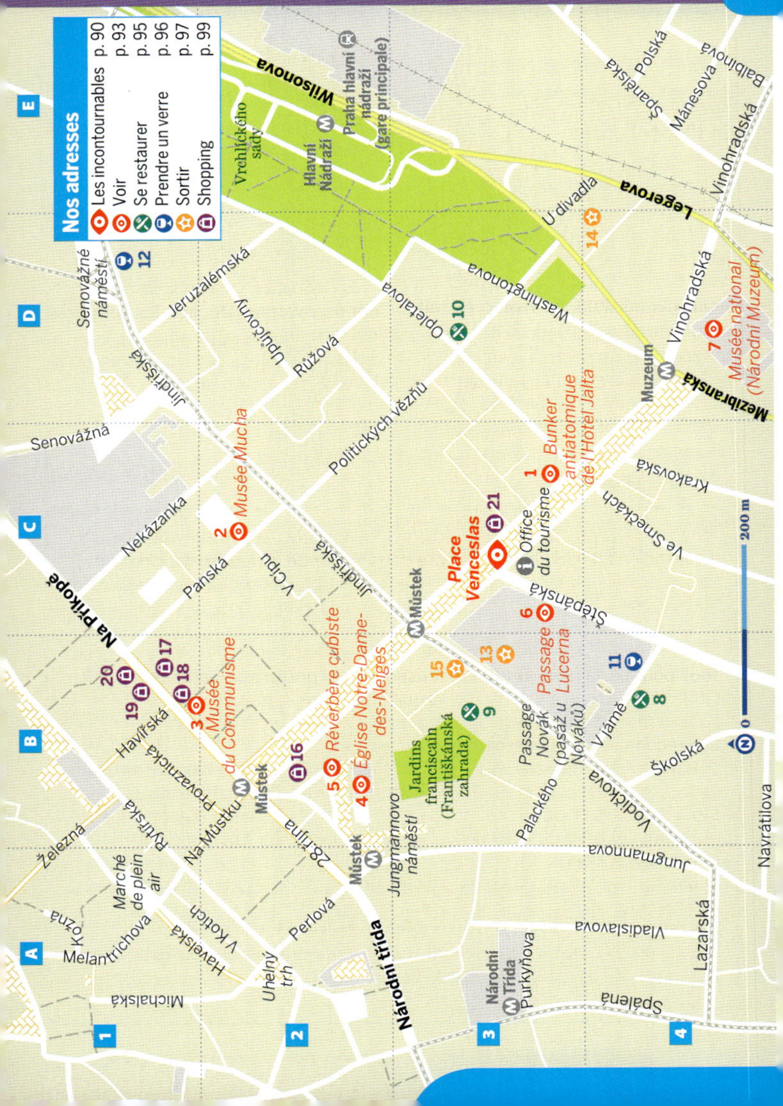
Nos adresses
Les incontournables p. 90
Voir p. 93
Se restaurer p. 95
Prendre un verre p. 96
Sortir p. 97
Shopping p. 99
1 Bunker antiatomique de l'Hôtel Jalta
2 Musée Mucha
3 Musée du Communisme
4 Église Notre-Dame-des-Neiges
5 Réverbère cubiste
6 Passage Lucerna
7 Musée national (Národní Muzeum)
8
9
10
11
12
13
14
15
16
17
18
19
20
21
Place Venceslas
Office du tourisme
Passage Novák (pasáž u Nováků)
Jardins franciscain (Františkánská zahrada)
Marché de plein air
Praha hlavní nádraží (gare principale)
Hlavní Nádraží
Vrchlického sady
Můstek
Muzeum
Národní Třída
Na Příkopě
Národní třída
Wilsonova
Legerova
Mezibranská
Vinohradská
Washingtonova
Opletalova
Politických vězňů
Jindřišská
Senovážné náměstí
Senovážná
Jeruzalémská
Ruzová
Samcova
Nekázanka
Panská
V Cípu
Havířská
Provaznická
Rytířská
Železná
Melantrichova
Kožná
Michalská
Havelská
V Kotcích
Perlová
Uhelný trh
28. října
Na Můstku
Jungmannovo náměstí
Jungmannova
Palackého
Vodičkova
V jámě
Štěpánská
Ve Smečkách
Krakovská
U divadla
Školská
Navrátilova
Lazarská
Vladislavova
Spálená
Purkyňova
Španělská
Polská
Mánesova
Balbínova
Vinohradská
200 m

Voir

Bunker antiatomique de l'Hotel Jalta

ÉDIFICE HISTORIQUE

1 Plan p. 92, C3

Place Venceslas, l'Hotel Jalta est bâti sur un abri antiatomique de l'époque communiste, construit en 1954 juste avant l'édification de l'hôtel, ouvert au public depuis 2013. La visite, conduite par un guide en uniforme de policier de l'époque, comprend plusieurs salles secrètes. Clou de la visite : la salle des communications, d'où l'on écoutait les conversations des hôtes de l'hôtel. (222 822 111 ; www.hoteljalta.com ; Václavské náměstí 45 ; adulte/enfant 120/60 Kč ; visite en anglais 14h et 15h tlj ; M Můstek, Muzeum)

Musée Mucha

MUSÉE D'ART

2 Plan p. 92, C2

Très fréquenté, ce musée fascinant donne à voir les affiches, les peintures et les panneaux décoratifs Art nouveau d'Alfons Mucha, notamment les célèbres représentations de la

Comprendre

Alfons Mucha

Affichiste, peintre, décorateur... Alfons Mucha (1860-1939) est probablement le plasticien tchèque le plus célèbre dans le monde. Acteur majeur de l'Art nouveau – aux côtés de Gustav Klimt, William Morris ou Charles Rennie Mackintosh –, Mucha n'en affirmera pas moins n'appartenir à aucun mouvement artistique.

Il débute sa carrière comme décorateur à Vienne puis s'installe à Paris en 1887 pour parfaire sa formation artistique. Son portrait de Sarah Bernhardt (1895) pour la pièce *Gismonda* propulse sa carrière de dessinateur publicitaire ; il se rend plusieurs fois aux États-Unis, ce qui lui assure une reconnaissance internationale.

Mucha retourne dans son pays en 1909, et dessine les billets de banque de la première République tchécoslovaque après 1918. À cette époque, il produit aussi son grand œuvre, un ensemble de 20 tableaux gigantesques retraçant l'histoire des peuples slaves, et qu'il intitule *L'Épopée slave* (*Slovanská epopej*).

Mucha est l'auteur des splendides intérieurs de la Maison municipale de Prague (p. 77) et du superbe vitrail de la cathédrale Saint-Guy (p. 31). Ses œuvres Art nouveau sont exposées au musée Mucha (p. 93).

Le projet d'exposer *L'Épopée slave* à Prague a enfin abouti en 2013. Les tableaux ont été installés au Palais Veletržní (p. 124). Lors de nos recherches les tableaux n'étaient plus exposés, ils seront de nouveau visibles en 2018.

Réverbère cubiste

comédienne Sarah Bernhardt, ainsi que des esquisses, des photos et des souvenirs. La figure de la jeune fille slave aux longs cheveux flottants, portant guirlandes et rameaux de tilleul, apparaît de façon récurrente. (Muchovo muzeum ; ☎224 216 415 ; www.mucha.cz ; Panská 7 ; adulte/enfant 240/160 Kč ; ⏱10h-18h ; 🚋3, 5, 6, 9, 14, 24)

Musée du Communisme MUSÉE

3 👁 Plan p. 92, B1

Ironie du sort, ce musée occupe une vaste demeure aristocratique du XVIIIe siècle, coincée entre un casino et un McDonald's. Aménagé par un couple tchéco-américain, il raconte en photos, en mots et en objets la vie de la Tchécoslovaquie derrière le rideau de fer. (Muzeum Komunismu ; ☎224 212 966 ; www.muzeumkomunismu.cz ; Na příkopě 10 ; adulte/enfant moins de 10 ans 290/gratuit ; ⏱9h-21h ; Ⓜ Mustek)

Église Notre-Dame-des-Neiges ÉGLISE

4 👁 Plan p. 92, B2

La construction de cette église gothique, à l'extrémité nord de la place Venceslas, fut ordonnée au XIVe siècle par Charles IV. Seul le chœur fut achevé, ce qui lui donne l'air plus haute que longue. Charles IV désirait en faire la plus grande de Prague ; la nef est plus haute que celle de la cathédrale Saint-Guy, et l'autel est le plus haut de la ville. (Kostel Panny Marie Sněžné ; www.pms.ofm.cz ; Jungmannovo náměstí 18 ; Ⓜ Můstek)

Réverbère cubiste MONUMENT

5 👁 Plan p. 92, B2

Trapu et anguleux, ce réverbère en béton strié est une œuvre d'art à ne pas manquer. Il se dresse tout près de la place Venceslas. (Jungmannovo náměstí ; Ⓜ Můstek)

Passage Lucerna SITE HISTORIQUE

6 👁 Plan p. 92, C3

Ce passage Art nouveau se déploie sous le palais Lucerna, entre les rues Štěpánská et Vodičkova. On peut

Comprendre

Le lifting du Musée national

Le Musée national (7 ◎ Plan p. 92, D4), en haut de la place, date de la seconde moitié du XIXe siècle, époque où l'architecture pompeuse faisait fureur. Le style néo-Renaissance était censé imiter celui des palais Renaissance édifiés dans Prague au XVIe siècle. Les proportions monumentales de l'édifice permettaient d'abriter les vastes collections du musée en un seul endroit, mais symbolisaient aussi la puissance grandissante de l'élite tchèque face à l'élite allemande et autrichienne.

Le musée est engagé dans une longue rénovation, qui doit se terminer en 2018. Les travaux se concentrent sur la façade (qui portait encore des impacts de balle datant de 1968, lorsque les Russes, confondant le musée avec le Parlement, firent feu sur lui), et la modernisation des collections surannées de fossiles, roches et ossements. Dans l'intervalle, des expositions temporaires sont organisées à côté, dans la **nouvelle aile du Musée national**,(224 497 111 ; www.nm.cz ; Vinohradská 1 ; adulte/enfant 250/170 Kč ; 10h-18h, 10h-20h premier mercredi du mois ; M Muzeum), ancien siège de Radio Free Europe.

y voir une œuvre de David Černý, pendant ironique de la statue équestre de saint Venceslas. (Palác Lucerna ; www.lucerna.cz ; Vodičkova 36 ; M Můstek)

Se restaurer

Room

ESPAGNOL €€

8 Plan p. 92, B4

Établissement branché aux lignes épurées, le Room est le cadre idéal pour déguster des tapas et des plats minutieusement élaborés par une équipe talentueuse. Entre autres délices : gambas *pil pil* (à l'ail), brochettes de bœuf argentin et poulpe grillé aux fèves. (221 634 103 ; www.tapasroom.cz ; V Jámě 6, Icon Hotel ; tapas 80-250 Kč ; bar 7h-1h, tapas 11h30-23h ; ; 3, 5, 6, 9, 14, 24).

Styl & Interier

CAFÉ €

9 Plan p. 92, B3

Un passage en face de l'entrée Vodičkova du palais Lucerna mène à ce repaire secret, un café champêtre au jardin entouré de hauts murs où les habitués se réunissent dans des fauteuils en osier pour un café accompagné d'une pâtisserie, un déjeuner de lasagnes, quiche ou agneau mijoté dans une sauce au vin rouge. Réservation conseillée. (222 543 128 ; www.stylainterier.cz/kavarna ; Vodičkova 35 ; plats 100-200 Kč ; 10h-21h lun-sam, 10h-19h dim ; ; 3, 5, 6, 9, 14, 24)

Comprendre

Les grands cafés de Prague

Prague est réputé pour ses brasseries, Vienne pour ses cafés. Pourtant, la capitale tchèque compte aussi des grands cafés qui n'ont rien à envier esthétiquement à leurs homologues autrichiens. Certes, le café n'y est pas aussi bon, mais l'ambiance y est similaire, avec une décoration recherchée et de hauts plafonds. Depuis l'époque austro-hongroise, les cafés pragois ont toujours été des lieux de rencontres, des foyers de contestation politique et des salons littéraires.

En leur temps, Franz Kafka, le dramaturge Karel Čapek (inventeur du mot "robot") et Albert Einstein ont tous fréquenté le Café Louvre (p. 105). En face, le Kavárna Slavia (p. 105) a accueilli Milan Kundera, Václav Havel et d'autres écrivains, dramaturges et cinéastes.

U Ferdinanda

TCHÈQUE €

10 Plan p. 92, D3

Dans cette taverne tchèque traditionnelle, on sert la bière chez Ferdinand, brassée dans la ville voisine de Benešov. L'intérieur est décoré d'outils de jardinage et de tôle ondulée, et la clientèle sonore de jeunes Pragois apprécie la cuisine tchèque bien préparée à prix doux. (775 135 575 ; www.ferdinanda.cz ; angle ulice Opletalova et Politických Vězňů ; plats 150-250 Kč ; 11h-23h lun-sam ; M Muzeum)

Prendre un verre

Jáma

BAR

11 Plan p. 92, B4

Jáma ("le Creux"), bar prisé des expatriés américains, est couvert d'affiches de concerts (Led Zeppelin, REM, Kiss, Shania Twain...). À l'arrière, la petite cour pavée est agrémentée de citronniers et de noyers. Le personnel souriant sert un choix renouvelé de bières régionales et artisanales. Au menu : de bons burgers, des steaks, des côtelettes et des ailes de poulet. (222 967 081 ; www.jamapub.cz ; V Jámě 7 ; 11h-1h mar-dim, 11h-minuit lun ; ; 3, 5, 6, 9, 14, 24)

Hoffa

BAR À COCKTAILS

12 Plan p. 92, D1

Hoffa fut l'un des premiers bars pragois entièrement non fumeurs. Un long bar (12 m !) se déploie à l'avant de la salle à la décoration élégante, et un mur de baies vitrées donne sur les quatre musiciens dansants de la fontaine de Senovážné náměstí. Le personnel est chaleureux, les cocktails sont délicieux, et l'on y sert une bonne cuisine. Pensez à réserver. (601 359 659 ; www.hoffa.cz ; Senovážné

Musée du Communisme (p. 94)

náměstí 22 ; 11h-2h lun-ven, 18h-2h sam, 18h-minuit dim ; ; 3, 5, 6, 9, 14, 24)

Sortir

Lucerna Music Bar

MUSIQUE LIVE

13 Plan p. 92, B3

La nostalgie est reine dans cet ancien théâtre plein de cachet bien qu'un peu défraîchi. Il accueille une soirée clips vidéo des années 1980 et 1990 très courue à partir de 21h les vendredis et samedis soir. La jeunesse se déhanche alors sur la musique de Duran Duran et Gary Numan. (224 217 108 ; www.musicbar.cz ; Palác Lucerna, Vodičkova 36 ; entrée 100-500 Kč ; horaires variables ; M Můstek)

Opéra d'État

OPÉRA, DANSE

14 Plan p. 92, D4

L'édifice néorococo de l'opéra d'État offre un cadre sublime aux représentations de danse et d'art lyrique. Lors de nos recherches, le bâtiment etait fermé jusqu'en 2018 pour travaux. (Státní opera Praha ; 224 901 448 ; www.narodni-divadlo.cz ; Wilsonova 4 ; guichet 10h-18h ; M Muzeum)

Kino Světozor

CINÉMA

15 Plan p. 92, B3

Ce cinéma met l'accent sur les grands classiques, les documentaires et les films d'art et d'essai en VO, mais projette aussi les succès du box-office.

Comprendre

Oppression et révolution

Du "coup de Prague" à l'invasion russe

En février 1948, le parti communiste tchèque, insatisfait du rôle qu'il occupe dans la coalition d'après guerre issue des élections de 1946, s'empare du pouvoir avec l'appui de l'Union soviétique. Le "coup de Prague" signe le début d'un demi-siècle de bouleversements politiques. Les premières années du régime sont marquées par une vague de répression impitoyable. Les opposants politiques et de nombreux cadres du Parti, accusés de conspirer contre l'État, sont arrêtés et liquidés lors de procès théâtraux.

À la fin des années 1960, le secrétaire général du parti communiste, Alexander Dubček, lâche un peu de lest en instaurant un "socialisme à visage humain", sorte de troisième voie entre communisme et capitalisme, qui s'accompagne d'un renouveau artistique dont Milan Kundera, Bohumil Hrabal, Václav Havel et Miloš Forman sont les principaux protagonistes. Mais dans la nuit du 20 au 21 août 1968, le régime soviétique mate ce "printemps de Prague". Dubček est remplacé par Gustáv Husák, de la ligne dure. Des milliers de personnes sont expulsées du Parti et perdent leur emploi. Une période de répression, désignée sous le terme de "normalisation", s'installe jusqu'en 1989. La dissidence active se résume à quelques centaines de personnes, pour l'essentiel des intellectuels et des artistes, dont le dramaturge Václav Havel.

La chute du communisme

En 1989, tandis que s'écroulent les régimes communistes d'Europe de l'Est, le gouvernement est poussé à abandonner le pouvoir. Le 17 novembre, la police réprime violemment une manifestation pacifique. L'événement sert de catalyseur à la révolution. Plus de 500 000 personnes investissent la place Venceslas. Un groupe mené par Havel obtient la démission du gouvernement le 3 décembre, et 26 jours plus tard, Václav Havel prend la tête du pays. La révolution de Velours – ainsi qualifiée en raison de sa nature pacifiste – a triomphé.

Le "divorce de velours"

La transition vers la démocratie ne se fait pas sans heurts, mais finit tout de même par aboutir. Ironie du sort, l'un des avatars de la révolution fut la séparation du pays en deux États, l'un tchèque, l'autre slovaque, en 1993, une rupture à l'amiable baptisée le "divorce de velours".

L'équipe gère également le **Kino Aero** (☎271 771 349 ; www.kinoaero.cz ; Biskupcova 31, Žižkov ; billets 60-120 Kč ; wifi ; tram 9, 10, 11, 16) dans le quartier de Žižkov. (☎224 946 824 ; www.kinosvetozor.cz ; Vodičkova 41 ; billets 60-120 Kč ; wifi ; M Můstek)

Shopping

Baťa

CHAUSSURES

16 Plan p. 92, B2

Fondé par Tomáš Baťa en 1894, cet empire de la chaussure, toujours dans le giron familial, est l'une des entreprises les plus prospères du pays. L'enseigne phare de la place Venceslas, construite dans les années 1920, est un chef-d'œuvre d'architecture moderne, dédié aux souliers, sacs à main, bagages et articles en cuir. (☎221 088 478 ; www.bata.cz ; Václavské náměstí 6 ; 9h-21h lun-sam, 10h-21h dim ; M Můstek)

Moser

CRISTALLERIE

17 Plan p. 92, B1

Cristallerie de Bohême parmi les plus respectées, Moser fut fondée dans la ville de Karlovy Vary en 1857. Elle doit sa célébrité à ses motifs d'une grande richesse. La boutique de Na Příkopě est installée dans un beau bâtiment construit dans les années 1840, transformé depuis en galerie marchande. (☎224 211 293 ; www.moser-glass.com ; Na příkopě 12 ; 10h-20h lun-ven, 10h-19h sam-dim ; M Můstek)

100% pragois

Shopping "À la douve"

Traversant la partie basse de la place Venceslas, Na Příkopě ("À la Douve") est l'une des promenades les plus fréquentées de Prague, et suit le tracé de la douve qui s'étendait jadis entre Staré Město et Nové Město pour protéger la Vieille Ville.

Au XIXe siècle, les cafés de Na Příkopě étaient en vogue auprès de la haute société autrichienne. Aujourd'hui, c'est une artère commerçante bordée d'enseignes internationales, mais aussi de grandes galeries marchandes, dont **Černá Růže** ("Rose Noire" ; 18 Plan p. 92, B1 ; www.cernaruze.cz) au n°12, **Myslbek pasáž** (19 Plan p. 92, B1 ; www.myslbek.com) au n°21, **Slovanský dům** (20 Plan p. 92, B1 ; www.slovanskydum.cz) au n°22 et **Palladium** (hors plan p. 92 ; www.palladiumpraha.cz) au n°1 de náměstí Republiky.

Palác Knih Neo Luxor

LIBRAIRIE

21 Plan p. 92, C3

La plus grande librairie de Prague ! Le sous-sol recèle un choix considérable de titres en français, entre autres langues, dont des traductions d'auteurs tchèques. Café et belle sélection de journaux et de magazines internationaux. (☎296 110 368 ; www.neoluxor.cz ; Václavské náměstí 41 ; 8h-20h lun-ven, 9h-19h sam, 10h-19h dim ; wifi ; tram 3, 5, 6, 9, 14, 24)

Explorer

Nové Město

La "Nouvelle Ville" n'a de nouveau que le nom. La construction de ce quartier qui borde Staré Město au sud et à l'est fut décidée en 1348 par l'empereur Charles IV, qui souhaitait étendre la ville. Mais à la différence de Staré Město ou de Malá Strana, l'Histoire, ici, se fait moins palpable : le quartier a en effet été massivement reconstruit au XIXe siècle.

L'essentiel en un jour

Débutez la journée par un café au **Kavárna Slavia** (p. 105), si possible à une table face à la Vltava, avec vue sur le château de Prague. Promenez-vous ensuite au bord de l'eau en direction du sud jusqu'à l'**île Slave** (p. 103). Là, louez une barque et profitez d'une vue magnifique sur le pont Charles. Continuez plus au sud pour découvrir la surprenante **Maison qui danse** (p. 103). Ensuite, cap à l'est jusqu'à l'**église orthodoxe Saints-Cyrille-et-Méthode** (p. 104), qui fut le théâtre d'un dramatique affrontement entre les nazis et de courageux parachutistes tchécoslovaques pendant la Seconde Guerre mondiale.

Suivez Na Zderaze au nord jusqu'à un quartier plus tranquille, celui situé au sud de Národní třída. Offrez-vous un déjeuner thaïlandais épicé au **Lemon Leaf** (p. 104) ou une soupe et un sandwich au **Globe Bookstore & Café** (p. 104).

Achetez vos billets pour assister à un ballet ou un opéra au somptueux **Théâtre national** (photo ci-contre ; p. 105) ou à un concert de jazz au **Reduta Jazz Club** (p. 106). Les enfants apprécieront un spectacle de théâtre noir au **Laterna Magika** (p. 106). Le **Café Louvre** (p. 105), malgré son nom, est une adresse parfaite pour un dîner tchèque stylé.

Le meilleur du quartier

Architecture

Maison qui danse (p. 103)

Bars et cafés

Cafe Louvre (p. 105)

Kavárna Slavia (p. 105)

Pivovarský Dům (p. 105)

Culture

Théâtre national (p. 105)

Laterna Magika (p. 106)

Histoire

Mémorial national des victimes de la répression de Heydrich (p. 104)

Musique

Reduta Jazz Club (p. 106)

Restaurants

Globe Bookstore & Café (p. 104)

Lemon Leaf (p. 104)

Comment y aller

M Métro Ligne B jusqu'à Můstek ou Karlovo Náměstí ; ligne A jusqu'à Můstek.

Tramway Ligne 2, 9, 17, 18, 22 jusqu'à Národní divadlo.

Nos adresses
Voir p. 103
Se restaurer p. 104
Prendre un verre p. 105
Sortir p. 105
Shopping p. 107
0
200 m
Můstek
Muzeum
Place Venceslas (Václavské náměstí)
Office du tourisme
Union des malvoyants tchèques
Mezibranská
Krakovská
Ve Smečkách
Štěpánská
Palais Lucerna (Palác Lucerna)
V jámě
Jungmannovo náměstí
Jardin franciscain (Františkánská zahrada)
Palackého
Vodičkova
Školská
Žitná
Ječná
IP Pavlova
Kateřinská
Na Rybníčku II
Lipová
Řeznická
Navrátilova
Příčná
Jungmannova
Palais Adria
Vladislavova
Lazarská
Malá Štěpánská
Purkyňova
Národní Třída
Spálená
Place Charles (Karlovo náměstí)
Karlovo Náměstí
Na Perštýně
Mikulandská
Ostrovní
V Jirchářích
NOVÉ MĚSTO
Černá
Odborů
Vyšehradská
Bartolomějská
Voršilská
Opatovická
Křemencová
Myslíkova
Église orthodoxe Saints-Cyrille-et-Méthode
Václavská
Na Zderaze
Resslova
Konviktská
Národní třída
Pštrossova
Nastruze
Šitkova
Vojtěšská
Dittrichova
Divadelní
Masarykovo nábřeží
Smetanovo nábřeží
Île Slave
Île Slave (Slovanský ostrov)
Place Jirásek (Jiráskovo náměstí)
Pont Jiráskův (Jiráskův most)
Maison qui danse
A
B
C
D
E
1
2
3
4

VLADIMIR SAZONOV/500PX ©

Maison qui danse

Voir

Maison qui danse

ARCHITECTURE

1 Plan p. 102, A4

Imaginé en 1996 par Vlado Milunić et Frank Gehry, ce bâtiment se compose d'une tour en verre à la "taille cintrée" et d'un immeuble à la façade ondulant. L'ensemble évoque un couple de danseurs et fut nommé, à l'origine, "Ginger et Fred", en hommage au virevoltant duo de cinéma formé par Ginger Rogers et Fred Astaire. Il est possible de poursuivre l'expérience architecturale de l'intérieur : le bâtiment compte un café et un restaurant. (Tančící dům ; www.tadu.cz ; Rašínovo nábřeží 80 ; 5, 17).

Île Slave

ÎLE

2 Plan p. 102, A2

Avec ses jardins plaisants et ses jetées où l'on peut louer des barques, ce paisible banc de sable offre de jolies vues sur la Vltana. En 1925, l'île fut baptisée d'après le congrès panslave qui s'y déroulait depuis 1848. L'île abrite le **Žofín**. Ce palais du XIXe accueille aujourd'hui de nombreux événements : concerts, congrès, bals. (Slovanský ostrov ; Masarykovo nábřeží ; 5, 17)

Comprendre

Les bourreaux meurent aussi

En réaction à une série de grèves et d'opérations de sabotage menées par les résistants locaux, Hitler nomma en 1941 le général SS Reinhard Heydrich, spécialiste de la lutte contre les activités subversives, comme protecteur adjoint du Reich en Bohême-Moravie. La répression ne se fit pas attendre.

Afin de soutenir la Résistance et le moral des Tchèques, les services secrets britanniques entraînèrent secrètement un groupe de parachutistes tchécoslovaques dans le cadre de l'opération Anthropoid, visant à tuer Heydrich. Le 27 mai 1942, Jan Kubiš et Jozef Gabčík attaquèrent le dirigeant dans sa voiture, alors que celui-ci se trouvait dans le quartier de Libeň. Celui-ci mourut de ses blessures huit jours plus tard. En représailles, les nazis se livrèrent à de terribles exactions, rasant entièrement les villages tchèques de Ležáky et Lidice, et brisant le mouvement de résistance.

Après le raid, les deux hommes et cinq de leurs compagnons trouvèrent refuge dans l'**église orthodoxe Saints-Cyrille-et-Méthode** (voir 3 Plan p. 102, B4) mais furent dénoncés. À l'aube du 18 juin, l'église fut assaillie par les nazis : aucun des résistants n'en sortit vivant, malgré une lutte acharnée. Dans la crypte, le **Mémorial national des victimes de la répression de Heydrich** (Národní památník hrdinů Heydrichiády ; 224 916 100 ; www.vhu.cz/muzea/ostami-expozice/krypta ; entrée libre ; Resslova 9a ; 9h-17h mar-dim mars-oct, 9h-17h mar-sam nov-fév) retrace leur histoire.

Cet épisode de la Seconde Guerre mondiale a inspiré de nombreux romans et longs métrages, parmi lesquels *Les bourreaux meurent aussi* (1943) réalisé par Fritz Lang.

Se restaurer

Globe Bookstore & Café CAFÉ €

4 Plan p. 102, B3

Ce café-librairie d'expatriés sert nachos, burgers, et salades tous les jours jusqu'à 23h, mais aussi d'excellents brunchs (de 9h30 à 15h samedi et dimanche) et des petits-déjeuners de 10h à 12h en semaine. (224 934 203 ; www.globebookstore.cz ; Pštrossova 6 ; plats 150-300 Kč ; 10h-minuit lun-ven, 9h30-1h sam et dim ; ; M Karlovo Náměstí)

Lemon Leaf ASIATIQUE €€

5 Plan p. 102, B3

Un peu à l'écart des circuits touristiques, le Lemon Leaf parvient néanmoins à attirer les visiteurs avec ses salles hautes de plafond, agrémentées de photos artistiques. Il sert une excellente et authentique cuisine thaï, dont un curry vert très parfumé, pimenté juste ce qu'il faut. (224 919 056 ; www.lemon.cz ; Myslíkova 14 ; plats 160-240 Kč ; 11h-23h lun-ven, 12h-23h sam-dim ; ; 5)

Prendre un verre

Café Louvre CAFÉ

6 Plan p. 102, B1

Ce café à la française au charme désuet est sans doute le plus accessible des grands cafés de Prague, aussi prisé aujourd'hui qu'au début du XXe siècle, lorsque le fréquentaient entre autres Franz Kafka et Albert Einstein. On y sert de la bonne cuisine et du bon café. Ne manquez pas la salle de billard et la galerie d'art au rez-de-chaussée. (224 930 949 ; www.cafelouvre.cz ; 1er ét., Národní třída 22 ; 8h-23h30 lun-ven, 9h-23h30 sam et dim ; 2, 9, 18, 22)

Kavárna Slavia CAFÉ

7 Plan p. 102, A1

Le plus célèbre des vieux cafés pragois est un monument (tout en merisier et en onyx) à l'élégance Art déco, agrémenté de grandes baies donnant sur la rivière. C'est un rendez-vous littéraire depuis le début du XXe siècle : Rainer Maria Rilke et Franz Kafka l'ont fréquenté, puis Václav Havel et d'autres dissidents dans les années 1970 et 1980. (224 218 493 ; www.cafeslavia.cz ; Národní třída 1 ; 8h-minuit lun-ven, 9h-minuit sam-dim ; ; 2, 9, 18, 22)

U Fleků BRASSERIE

8 Plan p. 102, B3

Joyeux dédale de salles où l'on boit ou mange, cette institution pragoise est souvent prise d'assaut par les groupes de touristes amateurs de fanfares et de Flek, la bière brune brassée maison titrant à 13° (40 cl, 59 Kč). La bière, excellente, saura convaincre les puristes. Hélas, les prix, touristiques eux aussi, rebutent la clientèle locale. (224 934 019 ; www.ufleku.cz ; Křemencová 11 ; 10h-23h ; 5)

Pivovarský Dům BRASSERIE

9 Plan p. 102, D4

Pendant que les touristes affluent au U Fleků (voir ci-dessus), une clientèle d'habitués se presse ici pour la Štěpán, une bière blonde (50 cl, 44 Kč) brassée sur place, mais aussi pour la bière de blé et les bières parfumées (par exemple au café ou à la banane ; 30 cl, 44 Kč). Le bar, avec ses cuves en cuivre, est très agréable. (296 216 666 ; www.pivovarskydum.com ; angle Ječná et Lipová ; 11h-23h ; 4, 6, 10, 16, 22)

Sortir

Théâtre national OPÉRA, BALLET

10 Plan p. 102, A2

Érigé dans la seconde moitié du XIXe siècle et symbole du "réveil national" tchèque, ce joyau d'architecture fut financé en grande partie par des contributions volontaires des habitants de la ville.

100% pragois

Au sud de Národní třída

Le secteur au sud de Národní třída, derrière le Théâtre national, recèle des restaurants de cuisine du monde et des cafés prisés des étudiants pragois. Agréable à découvrir au coucher du soleil, ce quartier se révèle des plus festifs à la nuit tombée.

Le **Red Room** (11 Plan p. 102, B3 ; 602 429 989 ; www.redroom.cz ; Myslíkova 28 ; 17h-3h dim-jeu, 17h-5h ven-sam ; ; 5), bar décontracté, est très prisé des expatriés. Concerts à l'occasion.

Café-bar arty, le **Kavárna Velryba** (12 Plan p. 102, B2 ; 224 931 444 ; www.kavarnavelryba.cz ; Opatovická 24 ; 11h-23h lun-ven, 12h-23h sam-dim ; ; 2, 9, 18, 22) sert des en-cas végétariens. Il abrite une galerie d'art en sous-sol.

Véritable institution, le Théâtre national programme opéras, ballets et pièces classiques (Smetana, Tchaïkovski, Shakespeare...), qui partagent l'affiche avec quelques spectacles de compositeurs et de dramaturges contemporains. Les billets sont en vente à la **Novà Scéna** (billetterie 9h-18h lun-ven, 10h-18h sam-dim) voisine, au **palais Kolowrat** (billetterie 10h-18h), face au Théâtre des États (voir p. 85) et à l'opéra d'État fermé pour travaux jusqu'en 2018 (voir p. 97). (Národní divadlo ; 224 901 448 ; www.narodni-divadlo.cz ; Národní třída 2 ; billets 100-1290 Kč ; 2, 9, 18, 22)

Reduta Jazz Club

JAZZ

13 Plan p. 102, B1

Le plus ancien club de jazz de Prague, ouvert en 1957 sous le régime communiste, offre un cadre intime, où se retrouvent les clients amateurs de big bands et de swing – parmi lesquels un certain Bill Clinton, qui vint ici en 1994 participer à une jam-session. Programme et réservation sur le site Internet. (224 933 487 ; www.redutajazzclub.cz ; Národní třída 20 ; concert 330-490 Kč ; 21h-3h ; ; M Národní Třída)

Laterna Magika

ARTS DE LA SCÈNE

14 Plan p. 102, A2

Initiée pour l'Exposition universelle de Bruxelles en 1957, la Laterna Magika propose du "théâtre noir", des spectacles multimédia mêlant la danse, la musique, le théâtre et des projections d'images fixes ou animées. La Nová Scéna ("Nouvelle Scène"), extension futuriste du Théâtre national, accueille la Laterna Magika depuis son départ du palais Adria, dans les années 1970. (224 901 417 ; www.narodni-divadlo.cz ; Nová Scéna, Národní třída 4 ; billets 260-690 Kč ; 2, 9, 18, 22)

Image Theatre

ARTS DU SPECTACLE

15 Plan p. 102, B1

Cette compagnie fondée en 1989 utilise lumière noire, pantomime, danse moderne et vidéos – sans oublier une bonne dose de burlesque – pour raconter ses histoires. La mise en scène peut être très réussie, mais

Marché de producteurs de Náplavka

l'ambiance dépend souvent de la réaction de l'auditoire. (Divadlo Image ; ☎222 314 448 ; www.imagetheatre.cz ; Národní 25 ; billets 480 Kč ; ⏲billetterie 10h-20h ; Ⓜ Staroměstská)

Shopping

Marché de producteurs de Náplavka

MARCHÉ

16 Plan p. 102, A4

Ce marché hebdomadaire tire le meilleur parti de sa position le long des quais entre Trojická et Výton, où des musiciens se produisent et des tables sont disséminées au milieu des étals de pain frais, légumes bios locaux, pâtisseries maison, miel sauvage, cidre tchèque, café et objets d'artisanat variés. (www.farmarsketrziste.cz ; Rašínovo nábřeží ; ⏲8h-14h sam ; 🚋2, 3, 7, 17, 21)

Belda Jewellery

BIJOUX

17 Plan p. 102, B1

Fondée en 1922, cette entreprise aujourd'hui dirigée par le fils et le petit-fils du fondateur crée des bijoux en or et en argent de grande qualité. Les modèles contemporains côtoient des reproductions inspirées des motifs Art nouveau d'Alfons Mucha. (☎224 933 052 ; www.belda.cz ; Mikulandská 10 ; ⏲11h-18h lun-ven ; Ⓜ Národní Třída)

100% pragois
Vyšehrad, l'autre château de Prague

Comment y aller

Vyšehrad surplombe la Vltava, juste au sud de Nové Město.

Ⓜ **Métro** Ligne C jusqu'à Vyšehrad

🚋 **Tramway** Lignes 7, 14, 18, 24 jusqu'à Ostrčilovo náměstí

L'ensemble de bâtiments et de monuments qui forment la citadelle de Vyšehrad joua, plus d'un millénaire durant, un rôle important dans l'histoire tchèque. Si peu des édifices d'origine ont survécu (la majorité d'entre eux datent en effet du XVIIIe siècle, du temps où l'endroit servait de place forte), la citadelle est toujours considérée comme le foyer spirituel de Prague et le lieu mythique de sa fondation. Le rocher offre une vue différente de la ville. Plus de précisions et agenda des spectacles sur www.praha-vysehrad.cz.

❶ Les anciennes portes

En allant vers l'ouest, à 10 minutes à pied de la station de métro Vyšehrad, on franchit la **porte Tábor** puis les vestiges de la **porte Špička**, de facture gothique.

❷ Le plus ancien édifice de Prague

La **rotonde Saint-Martin**, structure de style roman du XIe siècle, est considérée comme le plus vieil édifice pragois. La porte et les fresques datent d'une rénovation effectuée vers 1880. La rotonde est en principe fermée, mais l'on peut voir l'intérieur pendant la messe (horaires sur la porte).

❸ La forteresse

Les voûtes secrètes de la **porte en brique et des casemates** (adulte/enfant 60/30 Kč ; ⏲9h30-18h avr-oct, jusqu'à 17h nov-mars) servaient de lieu de garnison et de stockage d'armes au XVIIIe siècle, époque où Vyšehrad était une forteresse. En sous-sol, la **salle Gorlice** abrite des statues d'origine du pont Charles.

❹ Spectacles en plein air

Si vous visitez Prague durant l'été, renseignez-vous sur les concerts et spectacles organisés au **théâtre en plein air** (spectacles 300-700 Kč ; ⏲billetterie 17h30-20h avr-oct) de Vyšehrad.

❺ Le Père-Lachaise tchèque

Les 600 tombes du charmant **cimetière de Vyšehrad** (Vyšehradský hřbitov ; ☎274 774 835 ; entrée libre ; ⏲8h-19h mai-sept, horaires restreints oct-avr) sont celles du gratin des arts et lettres tchèques. Les musiciens Antonín Dvořák et Bedřich Smetana, et le peintre Alfons Mucha, y sont enterrés.

❻ La dernière église du site

La basilique Saints-Pierre-et-Paul (Bazilika sv Petra a Pavla ; ☎224 911 353 ; adulte/enfant 50/30 Kč ; ⏲10h-18h lun-sam avr-oct, jusqu'à 17h30 jeu, 10h-17h lun-sam nov-mars, 10h30 le dimanche), de style néogothique, est l'un des rares édifices de Vyšehrad à ne pas avoir été détruit en 1420 pendant les guerres hussites. La façade actuelle date du XIXe siècle.

❼ Dîner sur place

Le **Rio's Vyšehrad** (www.riorestaurant.cz ; Štulcova 2, Vyšehrad ; plats 250-600 Kč ; ⏲10h-minuit), élégant restaurant méditerranéen, sert d'excellents plats de poisson. Profitez de la terrasse.

❽ Histoire en souterrain

La **cave gothique** (adulte/enfant 50/30 Kč ; ⏲9h30-18h avr-oct, jusqu'à 17h nov-mars) présente une exposition sur l'histoire des fortifications de Prague qui permet de mieux replacer Vyšehrad dans le contexte historique.

❾ Bar avec vue

Le **Café Citadela** (⏲9h30-18h avr-sept, 10h-17h mer-dim oct-mars), bar en plein air le long des remparts sud de la forteresse, offre une ambiance décontractée et une jolie vue. Profitez du lieu en sirotant une bière ou un café.

Explorer

Vinohrady et Žižkov

Très résidentiels, Vinohrady et Žižkov s'opposent sur bien des aspects. Le premier, quartier bourgeois, tient son nom ("les vignobles") des vignes qui y poussaient au XIVe siècle. Ses immeubles Art nouveau séduisent jeunes cadres et expatriés. La "république populaire" de Žižkov est depuis le XIXe siècle un quartier ouvrier, aujourd'hui réputé pour ses pubs, sa vie nocturne et son brassage ethnique et social.

L'essentiel en un jour

Commencez par un café et une viennoiserie dans un café de la place de la Paix (náměstí Míru), épicentre de Vinohrady facilement accessible en métro depuis le centre de Prague. Nous avons un faible pour **Bistro Zahrada** (p. 119), tout près de la place. Prenez le métro jusqu'à Jiřího z Poděbrad et admirez l'**église du Sacré-Cœur** (photo ci-contre ; p. 116), très moderne. De là, quelques pas vous conduiront à la **tour de la télévision** (p. 116) de Žižkov. Montez au sommet ou observez les étranges bébés qui partent à l'assaut de ses piliers.

Les bonnes adresses où déjeuner sont légion ! **The Tavern** (p. 118) sert des burgers, **Pastička** (p. 119) une cuisine tchèque simple. S'il fait beau, cap ensuite sur le parc de **Riegrovy sady** (p. 117), où les Pragois viennent se balader et boire une bière.

En soirée, optez pour un dîner italien raffiné chez **Aromi** (p. 117), ou au **Vinohradský Parlament** (p. 117) pour de la cuisine de pub moderne. Pour terminer la journée en beauté, assistez à un concert au **Palác Akropolis** (p. 121), ou déhanchez-vous sur la piste du **Techtle Mechtle** (p. 121) ou du **Termix** (p. 121).

Pour une soirée 100% pragoise à Vinohrady et Žižkov, voir p. 112.

100% pragois

Bars et pubs de Vinohrady et Žižkov (p. 112)

Le meilleur du quartier

Bars et cafés

U Slovanské Lípy (p. 120)

Bistro Zahrada (p. 119)

Prague Beer Museum (p. 113)

Gay et lesbien

Termix (p. 121)

Celebrity Café (p. 120)

Restaurants

Kofein (p. 118)

The Tavern (p. 118)

Vie nocturne

Palác Akropolis (p. 121)

Techtle Mechtle (p. 121)

Comment y aller

M **Métro** Ligne A jusqu'à Náměstí Míru, Jiřího z Poděbrad ou Flora.

Tramway 4, 10, 13, 16, ou 22 jusqu'à Náměstí Míru, 11 ou 13 jusqu'à Jiřího z Poděbrad.

100% pragois
Bars et pubs de Vinohrady et Žižkov

À Prague, rien ne vaut ces deux quartiers pour passer une bonne soirée. Žižkov se targue d'avoir plus de bars au mètre carré que partout ailleurs dans le monde. Quant au quartier chic de Vinohrady, on y trouve, entre autres adresses branchées, d'excellents bars à vins et à cocktails.

❶ Avant le boire, le manger

Idéal pour se mettre en train et rassasier les estomacs affamés, le **Vinohradský Parlament** (voir p. 117), sur la place de la Paix (náměstí Míru), sert une excellente cuisine de taverne traditionnelle avec une touche moderne, accompagnée des meilleures bières de la brasserie Staropramen.

❷ La nuit au “Musée”

En face de la place de la Paix, le **Prague Beer Museum** (réservations 775 994 698 ; www.praguebeermuseum.com ; Americká 43, Vinohrady ; midi-3h ; ; M Náměstí Míru) – un bar en réalité – sert 30 variétés de bières tchèques à la pression : l'adresse idéale, si vous avez votre compte de Staropramen, pour découvrir les autres bières du pays.

❸ Vin et élégance à la française

À une station de métro, sur Jiřího z Poděbrad, **Le Caveau** (775 294 864 ; www.broz-d.cz ; náměstí Jiřího z Poděbrad 9, Vinohrady ; 8h-22h30 lun-ven, 9h-22h30 sam, 14h-20h30 dim ; ; M Jiřího z Poděbrad) sert le meilleur choix de crus français, à déguster avec des fromages et en-cas raffinés.

❹ Bière en plein air au Riegrovy Sady

À deux pas de Jiřího z Poděbrad, le **café en plein air de Riegrovy Sady** (222 717 247 ; Riegrovy sady 28, Vinohrady ; 11h-minuit avr-oct ; M Jiřího z Poděbrad, 11, 13) est particulièrement couru en soirée. Les tables de pique-nique résonnent des bruits de verre entrechoqués tandis que tout le monde trinque à la Gambrinus bon marché, ou à la Pilsner Urquell, un peu plus chère.

❺ Cocktails chics au Bar & Books

Envie de sophistication ? Le **Bar & Books Mánesova** (222 724 581 ; www.barandbooks.cz ; Mánesova 64, Vinohrady ; 17h-3h lun-sam, 17h-2h dim ; ; 11, 13), voluptueux bar à cocktails, a tous les atouts : salle luxueuse au décor de bibliothèque, alcools haut de gamme, et concerts certains soirs.

❻ Danser au Termix

Pour une ambiance plus débridée, rendez-vous au **Termix** (voir p. 121), l'un des clubs gays les plus prisés de Prague. Le club est ouvert jusqu'à très tôt le matin ! Vous pourrez y passer toute la nuit à danser.

❼ Bière au U Sadu

Bar de quartier convivial, le **U Sadu** (222 727 072 ; www.usadu.cz ; Škroupovo náměstí 5, Žižkov ; 8h-4h mar-sam, jusqu'à 2h dim-lun ; M Jiřího z Poděbrad) jouit d'une immense popularité auprès des vieux habitués, des étudiants à dreadlocks et des expatriés. Après minuit, le personnel s'affaire aussi en cuisine. Si vous avez un petit creux tardif, ce pourrait bien être la seule adresse où vous sustenter.

❽ Un dernier verre au Bukowski's

Dans la rue Žižkov – la plus importante concentration de bars à Prague – **Bukowski's** (773 445 280 ; www.facebook.com/bukowskisbar ; Bořivojova 86, Žižkov ; 19h-3h ; 5, 9, 15, 26) se démarque de ses voisins, plus grunge sans être trop chic. Il doit son nom au célèbre écrivain – et buveur invétéré – Charles Bukowski. Cocktails de qualité, barmans sympathiques et musique plaisante.

A
B
C
D
1
2
3
4
5
NOVÉ MĚSTO
Na Florenci
10
Náměstí Republiky
Masarykovo nádraží
Hybernská
Senovážné náměstí
Jindřišská
Opletalova
Hlavní Nádraží
Wilsonova
Vrchlického sady
Růžová
Washingtonova
Muzeum
Legerova
PRAHA 1
Praha hlavní nádraží (gare principale)
Trocnovská
Mémorial national
4
Colline de Žižkov
Husitská
Řehořova
Orebitská
Husinecká
Seifertova
Cimburkova
Milíčova
U Rajské zahrady
Havelkova
Stade FK Viktoria Žižkov
Krásova
Víta Nejedlého
Vlkova
ŽIŽKOV
Ancien cimetière juif
17
Rajská zahrada
Slavíkova
Kubelíkova
Fibichova
9
Riegrovy sady
Na Švíhance
Křížkovského
Škroupovo náměstí
2
Mahlerovy sady
Tour de la télévision
Krkonošská
Chopinova
Heléńská
Španělská
Balbínova
Italská
13
Anny Letenské
11
Polská
15
Třebízského
U Kanálky
Église du Sacré-Cœur
Jiřího z Poděbrad
1
náměstí Jiřího z Poděbrad
Rubešova
VINOHRADY
18
Mánesova
Vinohradská
19
Římská
Blanická
16
Skřetova
Anglická
5
Place de la Paix (náměstí Míru)
Sázavská
Slezská
U Vodárny
Nitranská
7
6
IP Pavlova
Jugoslávská
Náměstí Míru
Budečská
Šumavská
Korunní
VINOHRADY
Moravská
Rumunská
12
Lublaňská
Bělehradská
Londýnská
Belgická
Americká
Varšavská
Francouzská
Lužická
Chodská
Slovenská
Koubkova
Záhřebská
Jana Masaryka
Máchova
Rybalkova
Voroněžská
Kozácká
Donská
Krymská
Wenzigova

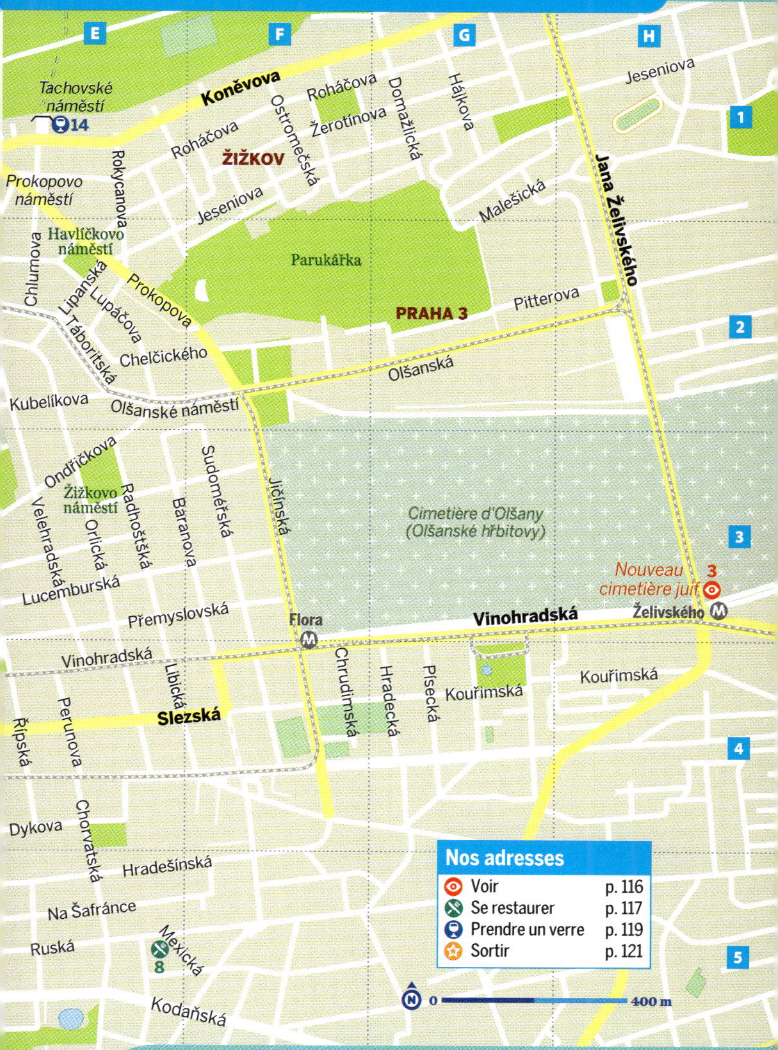
E
F
G
H
1
2
3
4
5
Tachovské náměstí
14
Koněvova
Roháčova
Žerotínova
Domažlická
Hájkova
Jeseniova
Ostromečská
ŽIŽKOV
Rokycanova
Prokopovo náměstí
Jana Želivského
Malešická
Havlíčkovo náměstí
Chlumova
Parukářka
Lipanská
Lupáčova
Prokopova
Táboritská
Chelčického
PRAHA 3
Pitterova
Olšanská
Kubelíkova
Olšanské náměstí
Ondříčkova
Sudoměřská
Žižkovo náměstí
Radhošťská
Baranova
Jičínská
Cimetière d'Olšany
(Olšanské hřbitovy)
Velehradská
Orlická
Lucemburská
Nouveau cimetière juif
3
Přemyslovská
Flora
Vinohradská
Želivského
Libická
Chrudimská
Hradecká
Písecká
Kouřimská
Slezská
Řipská
Perunova
Dykova
Chorvatská
Hradešínská
Na Šafránce
Ruská
8
Mexická
Kodaňská
Nos adresses
Voir p. 116
Se restaurer p. 117
Prendre un verre p. 119
Sortir p. 121
0
400 m

Voir

Église du Sacré-Cœur ÉGLISE

1 Plan p. 114, D3

Érigée en 1932 par l'architecte slovène Jože Plečník (auteur des ajouts modernes au château de Prague), cette église est la plus originale de la capitale. Inspirée par les temples égyptiens et les premières basiliques chrétiennes, elle arbore un clocher massif percé d'une horloge ronde. Elle n'est généralement ouverte que pour les offices. (Kostel Nejsvětějšího Srdce Páně ; ☎222 727 713 ; www.srdcepane.cz ; náměstí Jiřího z Poděbrad 19, Vinohrady ; ⌚messes 8h et 18h lun-sam, 9h, 11h et 18h dim ; Ⓜ Jiřího z Poděbrad)

Tour de la télévision VISITE

2 Plan p. 114, D3

Avec ses 216 m, cette tour, plus haut édifice de Prague, est aussi, selon les goûts, son emblème le plus laid ou le plus futuriste. Elle fut érigée entre 1985 et 1992. Plus bizarres encore que son architecture, les bébés de David Černý qui l'escaladent. Ne manquez pas de les approcher d'un peu plus près et contemplez la ville depuis les plates-formes d'observation. (Televizní Vysílač ; ☎210 320 081 ; www.towerpark.cz ; Mahlerovy sady 1, Žižkov ; adulte/enfant/famille 230/160/550 Kč ; ⌚plates-formes d'observation 8h-minuit ; Ⓜ Jiřího z Poděbrad)

Nouveau cimetière juif CIMETIÈRE

3 Plan p. 114, H3

Ce cimetière fut inauguré vers 1890 lorsqu'on ferma le vieux cimetière juif, (dominé par la tour de la télévision). Pour rejoindre la **tombe de Franz Kafka**, suivez l'allée principale vers l'est (indiquée), tournez à droite dans l'allée n°21, puis à gauche au mur, et continuez jusqu'au bout du secteur. Les admirateurs de l'écrivain honorent sa mémoire le 3 juin, anniversaire de sa mort. (Nový židovské

> Comprendre
>
> ***Miminka* ("*Maman*") : les bébés de la tour**
>
> Les étranges bébés qui semblent partir à l'assaut de la tour de la télévision de Žižkov faisaient partie d'une installation mise en place en 2000 – Prague était alors capitale européenne de la culture. Ils furent démontés à la fin de l'an 2000, mais le public protesta et on les réinstalla. Apparemment, ils resteront désormais à leur place.
>
> Leur créateur, David Černý, est connu pour les polémiques qui entourent ses œuvres. En 2006, *Shark*, sa sculpture qui représentait Saddam Hussein ligoté dans un aquarium, fut interdite en Belgique et en Pologne, et son installation *Entropa*, réalisée pour marquer l'accession de la République tchèque à la présidence de l'Union européenne en 2009, a fait scandale. Elle représentait en effet les 27 pays de l'UE, réduits à des stéréotypes peu avantageux.

hřbitov ; ☎226 235 216 ; www.kehilaprag.cz ; Izraelská 1, Žižkov ; entrée libre ; ⌚9h-17h dim-jeu, jusqu'à 14h ven avr-oct, 9h-16h dim-jeu, jusqu'à 14h ven nov-mars, fermé lors des fêtes juives ; Ⓜ Želivského)

Mémorial national

MUSÉE

4 Plan p. 114, D1

Si, de l'extérieur, cette massive structure fonctionnaliste a l'élégance d'une centrale nucléaire, l'intérieur est une débauche de marbres, dorures et mosaïques Art déco. Elle abrite un fascinant musée sur l'histoire tchécoslovaque du XXe siècle et un toit-terasse qui offre une vue panoramique sur la ville. (Národní Památník na Vítkově ; ☎224 497 600 ; www.nm.cz ; U Památníku 1900, Žižkov ; expo adulte/enfant 80/60 Kč ; ⌚10h-18h mer-dim avr-oct, jeu-dim nov-mars ; toit-terrasse 80/50 Kč, billet combiné 120/80 Kč ; ⌚10h30-17h30 avr-oct, 10h30-16h nov-mars ; 🚌133, 175, 207)

Se restaurer

Aromi

ITALIEN **€€€**

5 Plan p. 114, B4

Hauts plafonds, parquet ciré et élégante décoration contemporaine font de ce restaurant réputé pour ses excellents plats italiens authentiques (mais onéreux) l'une des adresses privilégiées de la ville où voir et être vu. Ambiance déjeuners professionnels le midi, romantique en soirée. Réservation indispensable. (☎222 713 222 ; www.aromi.cz ; Náměstí Míru 6, Vinohrady ; plats 400-600 Kč ; ⌚12h-15h et 17h-23h lun-sam, 12h-22h dim ; 📶 ; Ⓜ Náměstí Míru)

> 100% pragois
>
> **Riegrovy sady**
>
> Juché sur une colline, le parc **Riegrovy sady** (jardins Rieger ; entrée dans Chopinova, en face de Na Švíhance, Vinohrady ; ⌚24h/24 ; Ⓜ Jiřího z Poděbrad) est réputé pour son café en plein air, mais ses espaces verts valent aussi le détour. Dans sa partie ouest, une longue pelouse en pente ménage une vue magique sur le château et les toits rouges de Prague. Commandez une bière ou un sandwich au café Riegrovy (p. 113) et prenez place sur un banc en bois, au calme.

Vinohradský Parlament

TCHÈQUE **€**

6 Plan p. 114, B4

Ce pub, clair et lumineux, possède une jolie salle de style Art nouveau/début du modernisme, et une brigade inventive en cuisine, prompte à délaisser les classiques porc et canard au profit d'autres viandes tchèques traditionnelles comme l'oie, le lapin et le sanglier. Parfait tant pour le déjeuner que le dîner. Le lieu étant souvent bondé, appelez pour réserver une table. (☎224 250 403 ; www.vinohradskyparlament.cz ; Korunní 1, Vinohrady ; plats 180-250 Kč ; ⌚10h45h-minuit lun-mer, 10h45-1h jeu-ven, 11h30-1h sam, 11h30-23h30 dim ; 📶 ; Ⓜ Náměstí Míru)

Kofein

ESPAGNOL €€

7 Plan p. 114, D4

Tout près de la station de métro Jiřího z Poděbrad, ce restaurant bar à tapas espagnol est l'un des plus tendance du quartier. Une fois descendu dans la salle, on aperçoit le chef s'affairant devant le grill. Nous avons adoré la truite marinée au raifort et la poitrine de porc confite au céleri. Service prompt et sympathique. Pensez à réserver. (273 132 145 ; www.ikofein.cz ; Nitranská 9, Vinohrady ; 3 assiettes de tapas environ 270 Kč ; 11h-minuit lun-ven, 17h-minuit sam-dim ; ; M Jiřího z Poděbrad, 11, 13)

Osteria Da Clara

ITALIEN €€

8 Plan p. 114, E5

Cette minuscule trattoria à la toscane propose l'une des cuisines italiennes les plus authentiques de la ville, et ce à des prix intéressants. Il vous faudra toutefois un bon plan de Prague pour la trouver. La carte, changeante, comprend généralement un ou deux plats de pâtes créatifs et des spécialités de canard, bœuf, porc ou fruits de mer. Il y a peu de tables ; réservez. (271 726 548 ; www.daclara.com ; Mexická 7, Vršovice ; plats 200-350 Kč ; 11h30-15h et 18h-23h lun-ven, 12h-15h30 et 18h-23h sam, 12h-16h dim ; ; 4, 22)

The Tavern

BURGERS €

9 Plan p. 114, C3

Ce restaurant de burgers cosy est l'œuvre d'un couple d'expatriés américains désireux de réaliser le hamburger parfait, mélange de produits bios et de bœuf fermier nourri au foin. Délicieux sandwichs au porc effiloché, frites et cocktails à base de bourbon. Réservations via le site Internet pour le soir les jeudis, vendredis et samedis.

Comprendre

Le style de Bruxelles

Lorsque les Tchèques parlent du style de Bruxelles, ils ne se réfèrent pas à l'Art nouveau belge ou à Henry Van De Velde. Ils ont à l'esprit la reconnaissance internationale qu'ils obtinrent lors de l'Exposition universelle de Bruxelles en 1958, en dépit des contraintes imposées par le régime communiste. Plus d'une centaine de créateurs furent primés lors de la cérémonie de clôture dans le restaurant du pavillon circulaire tchèque, notamment Jaroslav Ježek qui remporta un grand prix pour son service à café Elka.

Les critères esthétiques de cette période se retrouvent dans la décoration du **Café Kaaba** (p. 120). Pour en savoir plus sur l'art de l'époque, rendez-vous au **Palais Veletržní** (p. 124).

(www.eng.thetavern.cz ; Chopinova 26, Vinohrady ; burgers 140-200 Kč ; 11h30-22h lun-ven, brunch à partir de 11h sam et dim ; ; M Jiřího z Poděbrad, 11, 13)

Maso a Kobliha

GASTROPUB €

10 Plan p. 114, B1

Fondé par le chef britannique du Sansho, juste en face, ce restaurant de style pub (qui fait aussi boucherie ; le nom se traduit par "Viande et Beignets") sert des plats élaborés à partir de produits bios locaux et de saison. Il est réputé pour ses *scotch eggs* (œufs enrobés de chair à saucisse et de chapelure), ses tourtes au jarret de bœuf et ses beignets fraîchement préparés, fourrés à la crème vanillée. Brunch le samedi. (224 815 056 ; www.masoakobliha.cz ; Petrská 23 ; plats 185-210 Kč ; 11h-22h mar-sam ; ; 3, 8, 14, 24)

Pastička

TCHÈQUE €€

11 Plan p. 114, B3

Ce bar-restaurant, chaleureux et accueillant, assorti d'une petite cour carrelée à l'arrière, est idéal pour boire une bière ou manger un morceau. La décoration intérieure évoque un heureux mariage entre le Prague des années 1920 et un pub irlandais. On vient surtout pour la bière, mais les plats – tant les spécialités traditionnelles tchèques que les mets internationaux – sont très bons. (222 253 228 ; www.pasticka.cz ; Blanická

MATT MUNRO/LONELY PLANET ©

Tour de la télévision (p. 116)

25, Vinohrady ; plats 150-330 Kč ; 11h-23h lun-sam ; ; M Jiřího z Poděbrad, 11, 13).

Prendre un verre

Bistro Zahrada

CAFÉ

12 Plan p. 114, B5

Ce café bio sert des cafés et viennoiseries haut de gamme dans un cadre rustique et accueillant, et compte un grand jardin à l'arrière. Il propose aussi une formule bon marché au déjeuner (curries végétariens et risottos pour 130 Kč environ). La petite boutique à l'avant vend des produits bios tels que des viennoiseries, des céréales, des laitages et du tofu. (734

CASADAPHOTO/SHUTTERSTOCK ©

Absinthe tchèque

266 315 ; www.biostro-zahrada.cz ; Belgická 33, Vinohrady ; 8h30-21h lun-jeu, jusqu'à 22h ven, 10h-18h sam ; ; M Náměstí Míru)

Café Kaaba

CAFÉ

13 Plan p. 114, B3

Cet élégant petit café-bar, aménagé avec un mobilier rétro et décoré de tons pastel, semble tout droit sorti d'un magazine de décoration des années 1960. On y sert un excellent café (concocté avec des grains d'importation fraîchement moulus). Wi-Fi gratuit pour les clients, de l'ouverture jusqu'à 18h. (réservations 222 254 021 ; www.kaaba.cz ; Mánesova 20, Vinohrady ; 8h-minuit lun-ven, 9h-minuit sam, 10h-22h dim ; ; 11, 13)

U Slovanské Lípy

TAVERNE

14 Plan p. 114, E1

Ce bar de Žižkov, d'apparence quelconque, est un lieu de pèlerinage pour les amateurs de bière. On y déguste en effet un large choix de bières artisanales (à partir de 28 Kč pour 0.5 L), venues par exemple de la brasserie Kocour, notamment une superbe Sumeček 11° (bière blonde à la robe cuivrée). (734 743 094 ; www.uslovanskelipy.cz ; Tachovské náměstí 6, Žižkov ; 11h-minuit ; ; 133, 175, 207)

Saints

BAR

15 Plan p. 114, C3

Situé en plein cœur du quartier gay de Vinohrady, ce bar accueillant sert un grand choix de consommations. Le personnel parle plusieurs langues, ce qui aide à se familiariser avec la scène locale. (222 250 326 ; www.facebook.com/thesaintsbar ; Polská 32, Vinohrady ; 19h-2h, jusqu'à 4h ven-sam ; M Jiřího z Poděbrad)

Celebrity Café

CAFÉ

16 Plan p. 114, B4

L'un des lieux gay-friendly occupant le vieil immeuble Radio Palác.
Il propose un petit-déjeuner matinal en semaine et un brunch le week-end. Le reste du temps, c'est une excellente adresse pour prendre un bon café et observer ses contemporains. (222 511 343 ; www.celebritycafe.cz ; Vinohradská 40, Vinohrady ; 8h-16h lun, 8h-minuit mar-jeu, 8h-1h ven, 10h-1h sam, 10h-16h dim ; ; M Náměstí Míru, 11, 13)

Comprendre

L'absinthe

Beaucoup de touristes associent Prague à l'absinthe. En 1990, l'entreprise tchèque Hill's a judicieusement relancé cette boisson légendaire aux prétendus effets hallucinogènes, en vogue en Suisse et en France au XIXe siècle et longtemps interdite. Aujourd'hui cependant, la fée verte connaît un retour en grâce dans ces deux pays, et les fins connaisseurs froncent le nez devant les copies que sont les absinthes tchèques ("Czechsinths").

La plupart des marques tchèques utilisent de l'essence d'absinthe pour diluer le principe actif (l'armoise) plutôt que de procéder par distillation. Si vous souhaitez rapporter une bouteille, optez pour l'excellente mais onéreuse marque Toulouse Lautrec (environ 1 200 Kč dans les boutiques de la ville).

Sortir

Palác Akropolis

CLUB

17 ★ Plan p. 114, D2

Ce sanctuaire labyrinthique, dédié à la musique et au théâtre alternatifs, est une institution pragoise. Ses différentes salles accueillent une myriade d'événements musicaux et culturels, des soirées DJ aux concerts de quatuor à cordes en passant par les groupes macédoniens, les légendes locales du rock et les talents étrangers, comme Marianne Faithfull, les Flaming Lips et les Strokes. (☎296 330 913 ; www.palacakropolis.cz ; Kubelíkova 27, Žižkov ; gratuit-250 Kč ; ⌚discothèque 18h30-5h ; 📶 ; 🚋5, 9, 15, 26).

Techtle Mechtle

CLUB

18 ★ Plan p. 114, B4

Un bar apprécié, en sous-sol dans l'artère principale de Vinohrady, où l'on vient danser. Outre le bar à cocktails soigné, l'établissement abrite un restaurant correct et une piste de danse. Des soirées spéciales sont parfois organisées. Arrivez tôt pour obtenir une table bien placée. (☎222 250 143 ; www.techtle-mechtle.cz ; Vinohradská 47, Vinohrady ; ⌚18h-4h mar-jeu, 19h-5h ven-sam ; 📶 ; Ⓜ Náměstí Míru, 🚋11, 13)

Termix

CLUB

19 ★ Plan p. 114, C4

L'un des clubs gays les plus prisés de Prague, à l'ambiance industrielle et à la clientèle composée autant de touristes que de Pragois. La piste, de dimension modeste, se remplit assez vite : vous devrez peut-être faire la queue pour entrer. (☎222 710 462 ; www.club-termix.cz ; Třebízského 4a, Vinohrady ; ⌚22h-6h mar-sam ; Ⓜ Jiřího z Poděbrad ; 🚋11, 13)

Explorer

Holešovice

S'il demeure par endroits quelque peu délabré, cet ancien quartier industriel s'embourgeoise lentement mais sûrement. Le café en plein air, au sommet de la colline de Letná, est un rendez-vous agréable par les chaudes soirées d'été. Quant au palais Veletržní, où sont exposées les collections d'art moderne et contemporain de la Galerie nationale, c'est peut-être le musée le plus injustement méconnu de la capitale.

L'essentiel en un jour

Commencez par une matinée culturelle. Si vous voyagez en famille, les enfants apprécieront le **Musée technique national** (photo ci-contre ; p. 127), dont les salles gigantesques recèlent vieilles locomotives et voitures anciennes. Sinon, admirez la collection d'art moderne du **Palais Veletržní** (p. 124). Le quartier compte de bons cafés où s'offrir un petit remontant ou un déjeuner. Notre préféré : **Kumbal** (p. 130), à deux pas du palais Veletržní.

Après le déjeuner, prenez un bol d'air dans l'un des grands espaces verts du quartier : les **jardins de Letná** (p. 127) ou le parc **Stromovka** (p. 128). Le premier abrite un café en plein air où il fait bon s'attarder tout l'après-midi. Stromovka, plus étendu, est proche du **zoo Mořský Svět** (p. 127), plus grand aquarium de la ville, qui devrait lui aussi plaire aux enfants.

Les bonnes tables sont rares à Holešovice, mais **Fraktal**, à proximité des jardins de Letná (p. 130) sert un burger divin, et la cuisine inventive de l'élégant **Phill's Corner** (p. 128) est d'un bon rapport qualité/prix. En veine de spectacle ? La **fontaine Křižík** (p. 128) marie shows aquatiques et musique classique. Les clubbeurs opteront pour le décor postindustriel du **Cross Club** (p. 130) ou pour le chic **SaSazu** (p. 131).

Les incontournables

Palais Veletržní (p. 124)

Le meilleur du quartier

Avec des enfants

Parc Stromovka (p. 128)

Zoo Mořský Svět (p. 127)

Bars et cafés

Café en plein air des jardin de Letná (p. 129)

Fraktal (p. 130)

Musées

Palais Veletržní (p. 124)

Musée technique national (p. 127)

Centre d'art contemporain DOX (p. 131)

Vie nocturne

Cross Club (p. 130)

SaSaZu (p. 131)

Comment y aller

Tramway 1, 8, 12, 25, 26 jusqu'à Letenské náměstí ; 1, 6, 8, 12, 25, 26 jusqu'à Strossmayerovo náměstí.

Métro Ligne C jusqu'à Vltavská ou Nádraží Holešovice

Les incontournables
Palais Veletržní

Ces collections de la Galerie nationale, qui regroupent des œuvres d'art du XIXe siècle à nos jours, sont un must pour les passionnés, en particulier les amateurs des mouvements modernes (impressionnisme, constructivisme, dadaïsme et surréalisme) qui ont bouleversé le monde de l'art au début du XXe siècle. Les impressionnistes français, les grands noms comme Egon Schiele, Gustav Klimt et Pablo Picasso, et la génération talentueuse d'artistes tchèques des années 1920 et 1930 sont bien représentés. Les autres collections traitent d'architecture et de design.

Plan p. 126, C3

Veletržní Palác

www.ngprague.cz

Dukelských hrdinů 47

tarif plein/réduit/– de 18 ans 250 Kč/150 Kč/gratuit

10h-18h mar-dim

M Vltavská, 1, 6, 8, 12, 17, 25, 26

Palais Veletržní

Collection française

Grâce à un engouement en Bohême pour la peinture française, le 3e étage du musée est particulièrement bien doté en art français des XIXe et XXe siècles. Monet, Gauguin, Cézanne, Picasso, Delacroix et Rodin font partie des artistes représentés. Ne manquez pas *Le Gué* (ou *La Fuite*) de Gauguin et *Le Champ de blé vert avec cyprès* de Van Gogh.

Art tchèque avant-gardiste

Le musée abrite aussi l'une des plus intéressantes collections d'art tchèque du XXe siècle du pays. Parmi ses chefs-d'œuvre figurent les toiles géométriques de František Kupka et les peintures, céramiques et mobilier d'artistes cubistes qui offrent un parallèle intéressant avec la scène artistique rivale parisienne de l'époque. Au 2e étage sont exposées des œuvres d'art tchèque plus contemporaines.

Collection internationale

Au 1er étage sont exposées des œuvres d'art internationales du XXe siècle, notamment des toiles de Klimt, Schiele, Sherman et Miró pour ne citer qu'eux. Signalons *Les Vierges* sensuelles et colorées de Klimt et, beaucoup plus sombre et prémonitoire, la *Femme enceinte et la mort* de Schiele, réalisée 7 ans avant le décès du peintre et de sa femme en 1918, emportés par l'épidémie de grippe espagnole.

L'Épopée slave d'Alfons Mucha

Le musée expose la grandiose *Épopée slave* (*Slovanská Epopej*) d'Alfons Mucha, ensemble de 20 toiles gigantesques retraçant l'histoire des peuples slaves. Mucha a consacré l'essentiel de sa carrière à la création de ces tableaux. Lors de nos recherches, les toiles n'étaient plus exposées. Elles devraient être de nouveau visibles en 2018.

À savoir

- Le musée est immense. Si vous ne disposez que d'une heure ou deux, concentrez-vous sur les œuvres majeures que nous mentionnons.
- L'entrée est incluse dans le billet combiné de la Galerie nationale (500 Kč).
- La boutique du musée vend des cartes postales et des souvenirs.

Une petite pause ?

Commode pour un expresso, le **café du musée** (10h-18h mar-dim) se situe au rez-de-chaussée.

À quelques rues du musée, l'insolite café Kumbal (p. 130) fait une adresse charmante pour boire un café ou déjeuner.

Nos adresses
Les incontournables p. 124
Voir p. 127
Se restaurer p. 128
Prendre un verre p. 129
Sortir p. 130
Shopping p. 131
A
B
C
D
E
1
2
3
4
HOLEŠOVICE
PRAHA 7
PRAHA 8
LETNÁ
Vltava
Vrbenského
Partyzánská
U Výstaviště
Za elektrárnou
Stromovka
Fontaine Křižík
4
5
Výstaviště
3
Zoo Mořský Svět
Nádraží Holešovice
Jankovcova
12
Argentinská
Plynární
Ortenovo náměstí
15
Centre d'art contemporain DOX
Poupětova
U Měšť pivovaru
16
11
Osadní
U průhonu
Přístavní
6
14
Dělnická
Komunardů
Tovární
Tusarova
Jateční
Bubenské nábřeží
7
13
Za viaduktem
Žst Praha Bubny
Železničářů
Vltavská
Bubenská
Pont Hlávkův (Hlakův most)
Île des Chasseurs (Ostrov Štvanice)
500 m
Strojnická
Veletržní
Janovského
Palais Veletržní
10
Heřmanova
Podplukovníka Sochora
Strossmayerovo náměstí
Kostelní
nábřeží Kpt. Jaroše
Dukelských hrdinů
Veverkova
Františka Křížka
Milady Horákové
Letohradská
Umělecká
Kamenická
U akademie
U studánky
Letenské náměstí
Šmeralová
Čechova
9
Nad štolou
Jirečkova
Musée technique national
1
Tunnel de Letenský
2
8
Jardins de Letná
Jardins de Letná (Letenské sady)

Voir

Musée technique national

MUSÉE

1 Plan p. 126, B4

Rénové en 2012, le musée le plus familial de Prague présente avec brio l'héritage industriel du pays, de surcroît sans rien d'ennuyeux. La visite commence dans le hall principal rempli jusqu'au plafond d'avions, de trains et d'automobiles d'autrefois. D'autres salles sont festonnées d'objets relatifs à l'astronomie, la photographie, l'impression ou l'architecture. (Národní Technické Muzeum ; 220 399 111 ; www.ntm.cz ; Kostelní 42 ; tarif plein/réduit/famille 190/90/420 Kč ; 9h-17h30 mar-ven, 10h-18h sam-dim ; ; 1, 8, 12, 25, 26 jusqu'à Letenské náměstí)

Jardins de Letná

PARC

2 Plan p. 126, B4

Les charmants jardins de Letná, vaste parc installé sur un promontoire dominant la Vltava, au nord de la Vieille Ville, ont l'attrait d'un splendide point de vue sur la ville, le fleuve et les ponts. L'endroit est idéal pour les balades, le jogging ou encore pour prendre un verre dans le café en plein air (p. 129) installé à l'extrémité est du parc. Depuis la Vieille Ville, remontez jusqu'à l'extrémité nord de Pařížská ulice, traversez le pont, puis empruntez l'escalier. Ou prenez le tram jusqu'à Letenské náměstí et marchez environ 10 minutes vers le sud. (Letenské sady ; 24h/24 ; ; 1, 8, 12, 25, 26 jusqu'à Letenské náměstí)

Parc Stromovka (p. 128)

Zoo Mořský Svět

AQUARIUM

3 Plan p. 126, C2

Le plus grand aquarium du pays (environ 100 000 litres) abrite quelque 4 500 espèces de poissons et créatures marines, dont bon nombre de requins. Si vous avez l'habitude des parcs aquatiques de ce genre ailleurs dans le monde, l'intérieur exigu de celui-ci vous décevra peut-être, mais les enfants apprécieront certainement l'expérience. Spectacles

100% pragois
Parc Stromovka
Terrain de chasse royal au Moyen Âge, le **parc Stromovka** (Plan p. 126, B1 ; Královská obora ; entrée rue Výstaviště ou 21 Nad Královskou oborou, Bubeneč ; 24h/24 ; 1, 8, 12, 25), est le plus grand espace vert de Prague. Les adeptes de footing, de vélo ou de roller s'y donnent désormais rendez-vous. Les enfants escaladeront les grosses branches noueuses de vieux arbres morts ou joueront dans les aires de jeux, tandis que les adultes admireront le superbe parterre de tulipes au printemps.

autour du repas des animaux et autres événements spéciaux toute la semaine. (220 103 275, événements spéciaux 736 649 558 ; www.morskysvet.cz ; U Výstaviště 1, Bubeneč ; tarif plein/réduit 280/180 Kč ; 8h30-19h lun-ven, 9h-19h sam-dim ; ; 12, 17)

Fontaine Křižík
FONTAINE

4 Plan p. 126, B1

Chaque soir, du printemps jusqu'à la fin de l'automne, cette fontaine s'anime lors d'un spectacle son, lumières et jets d'eau. L'illustration sonore va de Dvořák (*Symphonie du Nouveau Monde*) à Andrea Bocelli, Queen ou Scorpions. Programmation sur le site Internet. De mai à juillet, mieux vaut assister au spectacle à la nuit tombée. (Křižíkova fontána ; 723 665 694 ; www.krizikovafontana.cz ; U Výstaviště 1, Bubeneč ; entrée 230 Kč ; spectacles toutes les heures 19h-23h mars-nov ; ; 12, 17)

Výstaviště
CENTRE CULTUREL

5 Plan p. 126, B1

Ce vaste ensemble de bâtiments de divers styles architecturaux date de la Grande Exposition générale de Prague en 1891. Aujourd'hui, il accueille surtout des Salons ainsi qu'une annexe du Musée national (p. 95). La fontaine Křižík (voir ci-contre), le zoo Mořský Svět (p. 127), et un parc d'attractions un peu défraîchi sont également hébergés dans l'enceinte. Plus d'infos sur le site Internet. (parc des Expositions ; 702 128 232 ; www.vystavistepraha.eu ; Areál Výstaviště 67, Bubeneč ; 9h-23h mai-déc ; 12, 17)

Se restaurer

Phill's Corner
INTERNATIONAL €

6 Plan p. 126, E2

Si l'aménagement de ce sympathique restaurant clair et spacieux s'inspire du passé industriel de Holešovice, sa carte puise quant à elle dans les cuisines du monde entier. Les aliments allergènes sont clairement indiqués et il existe un grand choix de plats sans gluten. Le menu du jour, composé d'une soupe et d'un plat (150 Kč), est une affaire. (731 836 988 ; www.phillscorner.cz ; Komunardů 32 ; plats 100-180 Kč ; 7h30-22h lun-mar, 7h30-23h mer-ven, 9h-18h dim ; ; 1, 6, 12, 14, 25)

MILKOVASA/SHUTTERSTOCK ©

Palais industriel, Výstaviště

Tràng An Restaurace VIETNAMIEN €

7 Plan p. 126, E3

Ce restaurant vietnamien discret est une bonne raison d'aller jusqu'aux tentaculaires halles de Prague et le **marché d'Holešovice** (Holešovická tržnice ; 220 800 592 ; www.holesovickatrznice.cz ; Bubenské nábřeží 306 ; 7h-18h lun-ven, 7h-14h sam). Attendez votre tour au comptoir et choisissez à l'aide du menu en images présenté sur le mur. Nombreuses tables à l'intérieur et, par beau temps, tables de pique-nique à l'extérieur. Allez-y avant ou après les heures normales de repas pour éviter l'attente. (220 560 041 ; www.facebook.com/asijskebistropodosmickou ; Bubenské nábřeží 306, bâtiment 5, Holešovická tržnice/Pražská tržnice ; plats 100-130 Kč ; 10h-20h lun-sam ; 1, 12, 14, 25)

Prendre un verre

Café en plein air des jardins de Letná BIÈRE AU SOLEIL

8 Plan p. 126, B4

Impossible de faire l'impasse sur le meilleur café en plein air de la ville avec sa vue superbe, aménagé à l'extrémité est des jardins de Letná (p. 127). Achetez une bière au petit kiosque et installez-vous à une table de pique-nique, ou prenez place sur la terrasse pour commander une pizza correcte, à accompagner d'un verre de bière. (☎233 378 208 ; www.letenskyzamecek.cz ; Letenské sady 341 ; ⏲11h-23h mai-sept ; 🚋1, 8, 12, 25, 26)

Fraktal

BAR

9 Plan p. 126, A3

Ce bar en sous-sol, proche de Letenské náměstí, est de loin le plus accueillant de ce côté de la Vltava. C'est surtout vrai pour les anglophones, puisqu'il leur sert de repaire non officiel. On y mange une bonne cuisine de bar, notamment des burgers (plats 120 Kč à 300 Kč). Seul bémol : l'heure de fermeture (dernières commandes à 23h30). (☎777 794 094 ; www.fraktalbar.cz ; Šmeralová 1, Bubeneč ; ⏲11h-minuit ; 📶 ; 🚋1, 8, 12, 25, 26)

100% pragois

Zoo de Prague

Au nord de Holešovice, dans le quartier de Troja, le **zoo** (Zoo Praha ; hors plan ; ☎296 112 230 ; www.zoopraha.cz ; U Trojského zámku 120, Troja ; adulte/tarif réduit/famille 200/150/600 Kč ; ⏲9h-19h juin-août, jusqu'à 18h avr, mai, sept et oct, jusqu'à 17h mars, jusqu'à 16h nov-fév ; 👪 ; 🚌112, Ⓜ Nádraží Holešovice) occupe un domaine boisé de près de 60 ha sur les berges de la Vltava. Il héberge les habituels girafes et gorilles, mais son troupeau des chevaux de Przewalski fait sa grande fierté. Sur place également : téléphérique miniature et aire de jeux.

Kumbal

CAFÉ

10 Plan p. 126, C3

Cet élégant café, dans un bâtiment fonctionnaliste des années 1930, est à la fois douillet et branché. Bonne sélection de thés et cafés, en revanche la carte est assez restreinte (quelques sandwichs et une soupe du jour). Petit-déjeuner servi tous les jours jusqu'à 11h30. (☎604 959 323 ; www.kumbal.cz ; Heřmanova 12 ; ⏲8h-21h30 lun-ven, 9h-21h30 sam-dim ; 📶👪 ; 🚋1, 8, 12, 17, 24, 25, 26)

Sortir

Mecca

CLUB

11 Plan p. 126, E2

Cet ancien entrepôt de Holešovice possède des pistes de danse sur trois niveaux (et cinq bars). Les horaires d'ouverture sont sporadiques ; consultez le site Internet pour connaître les soirées et événements qui auront lieu pendant votre séjour. La musique est plutôt électro et house, et la clientèle constituée de jeunes actifs. (☎734 155 300 ; www.mecca.cz ; U Průhonu 3 ; entrée 100-200 Kč ; ⏲22h-6h ven-sam ; 📶 ; 🚋6, 12, 14, 25)

Cross Club

CLUB

12 Plan p. 126, D1

Industriel dans tous les sens du terme, le Cross Club est installé dans une zone industrielle de Holešovice, et sa musique aux pulsations lancinantes (concerts et DJ) s'accorde au cadre – un fouillis de gadgets, de puits d'aération, de manivelles et de tuyaux, dont beaucoup clignotent sur les rythmes. Le club organise à l'occasion des concerts, des représentations théâtrales et autres happenings. (☎736 535 010 ; www.crossclub.cz ; Plynární 23 ; gratuit-200 Kč ; ⌚café midi-2h, club 18h-5h, jusqu'à 7h ven-sam ; 📶 ; Ⓜ Nádraží Holešovice)

SaSaZu

DJ, DANSE

13 ☆ Plan p. 126, D3

Ce club, parmi les plus prisés de la ville, attire autant l'élite branchée que ses suiveurs. Si vous aimez les énormes pistes de danse et les longues files d'attente (présentez-vous de bonne heure), vous serez servi. Consultez le site Internet ; des groupes connus (comme Bastille ou Morcheeba) sont parfois à l'affiche. À réserver par téléphone (10h-18h lun-ven, 16h-22h sam). (☎778 054 054 ; www.sasazu.com ; Bubenské nábřeží 306, bâtiment 25, Pražská tržnice ; entrée 200-1 000 Kč ; ⌚21h-5h ; 📶 ; Ⓜ Vltavská, 🚋1, 12, 14, 25)

La Fabrika

THÉÂTRE, ARTS DU SPECTACLE

14 ☆ Plan p. 126, E2

"La Fabrique" est en réalité un ancien entrepôt de peinture, converti en espace artistique expérimental qui accueille selon les soirs musique live (jazz ou cabaret), théâtre, danse ou films. Consultez le programme sur le site Internet. Pensez à réserver. (☎604 104 600, 774 417 644 ; www.lafabrika.cz ; Komunardů 30 ; 200-400 Kč ; ⌚billetterie 14h-19h30 lun-ven ; 🚋1, 6, 12, 14, 25)

100% pragois

Centre d'art contemporain DOX

À courte distance en tramway du palais Veletržní, le **Centre d'art contemporain DOX** (15 ◉, Plan p. 126, E1 ; ☎295 568 123 ; www.dox.cz ; Poupětova 1; tarif plein/réduit 180/90 Kč ; ⌚10h-18h lun, 11h-19h mer et ven, 11h-21h jeu, 10h-18h sam-dim, fermé mar ; 🚋6, 12 jusqu'à Ortenovo náměstí), galerie privée et musée, redonne à Holešovice sa réputation de conservatoire du meilleur de l'art contemporain pragois. Ce bâtiment minimaliste de plusieurs étages constitue le plus vaste espace d'exposition à Prague. Il est truffé d'œuvres contemporaines provocatrices invitant à la réflexion. Le café et la librairie du DOX sont fabuleux.

Shopping

Pivní Galerie

BIÈRE, ALIMENTATION

16 🔒 Plan p. 126, E2

À la Pivní Galerie (galerie de la Bière) on goûte et achète un choix immense de bières de Bohême et de Moravie – environ 150 variétés de 30 brasseries différentes. Les propriétaires conseillent de façon experte. (☎220 870 613 ; www.pivnigalerie.cz ; U Průhonu 9 ; ⌚11h30-19h lun-ven ; 🚋6, 12)

Prague
selon ses envies

Les plus belles balades

Envie de...

Vue sur le pont Charles (p. 74)
KAPRIK/SHUTTERSTOCK ©

Les plus belles balades

Sur les pas de Kafka

Itinéraire

"Toute ma vie s'inscrit dans ce petit cercle", déclara un jour Franz Kafka (1883-1924) en traçant un rond autour de la Vieille Ville de Prague. Si cette affirmation est exagérée (il voyagea et mourut à l'étranger), Prague est une présence silencieuse constante dans l'œuvre de Kafka. Cette promenade vous emmène sur les traces de l'auteur de *La Métamorphose*.

Départ Náměstí Republiky ; Ⓜ Náměstí Republiky

Arrivée Hôtel Intercontinental ; Ⓜ Staroměstská

Distance et durée 2 km ; 40 minutes

Une petite pause ?

Près de la synagogue espagnole, dans le vieux quartier juif de Prague, Bakeshop Praha (p. 65) est idéal pour un café gourmand.

Maison À la Minute

❶ Compagnie d'assurances pour les accidents des travailleurs du royaume de Bohême

L'œuvre de Kafka a été influencée par son poste, 14 ans durant (1908-1922), d'employé dans cette **compagnie d'assurances** (Na Poříčí 7). Chaque jour, il passait devant la **tour Poudrière** (p. 77) et la **Maison municipale** (p. 77), alors toute neuve.

❷ Maison aux Trois Rois

Juste avant la place de la Vieille-Ville se dresse la **maison Aux Trois Rois** (Celetná 3), résidence de la famille Kafka de 1896 à 1907. Dans sa chambre donnant sur l'**église Notre-Dame-de-Týn** (p. 73), Kafka écrivit son premier récit.

❸ Maison Sixt

Kafka habita la **maison Sixt** de 1888 à 1889, de l'autre côté de la rue Celetná. Non loin, au n°17 de Staroměstské náměstí, dans la **maison À la Licorne** (U Jednorožce), Berta Fanta tenait un salon littéraire, que fréquentèrent Kafka et Albert Einstein.

❹ Maison À la Minute

De 1889 à 1896, Kafka habitait la **maison À la Minute** (dům U minuty), bâtiment Renaissance à l'angle de l'ancien hôtel de ville. C'est l'époque où le cuisinier de la famille le traînait de force à l'école de la rue Masná.

❺ Maison natale

À l'ouest de l'**église Saint-Nicolas** (p. 73), la **maison natale de Kafka** est signalée par un buste de l'écrivain (anciennement U Radnice 5). Seule l'entrée en pierre est d'origine : un incendie a ravagé la bâtisse en 1897.

❻ Appartement de la rue Dlouhá

Malgré plusieurs liaisons tumultueuses, Kafka ne se maria jamais et vécut surtout chez ses parents. Il habita néanmoins seul de mars 1915 à février 1917 dans un **appartement** au n°16 de la rue Dlouhá.

❼ Appartement de la rue Bílkova

Un peu plus au nord, après le **monument à Franz Kafka** (p. 64), vous verrez un autre **appartement** (Bílkova 22) qu'occupa brièvement l'auteur et où il débuta l'écriture du *Procès* en 1914.

❽ Hôtel Intercontinental

Poursuivez vers l'ouest jusqu'à Pařížská puis au nord vers la rivière. Un autre appartement familial (1907-1913) était situé à l'emplacement de l'actuel **hôtel Intercontinental**. Il y commença *La Métamorphose*, l'histoire d'un homme transformé en insecte géant.

Les plus belles balades

La "révolution de Velours"

Itinéraire

Il y a près de 30 ans, en 1989, les Tchèques se soulevèrent pacifiquement contre le gouvernement communiste. La "révolution de Velours" allait mener à la chute du régime et à l'instauration de la République fédérale tchèque et slovaque, puis à la scission en deux pays indépendants. Cette promenade fait revivre ce tournant de l'histoire tchèque, des foyers de la contestation aux lieux de rassemblement.

Départ Národní třída ; M Národní třída

Arrivée Ancien bâtiment de Radio Free Europe ; M Muzeum

Distance et durée 2 km ; 45 minutes

Une petite pause ?

Tout près de la place Venceslas, dans une galerie marchande à la grandeur déchue, le Kavárna Lucerna (p. 91) offre un cadre agréablement suranné pour prendre un café ou une bière.

© ARIADNA22822/SHUTTERSTOCK

Musée du Communisme (p. 94)

❶ Mémorial aux étudiants

La promenade débute là où la révolution a commencé. Sur la façade (Národní třída 16), un **bronze** commémore les événements du 17 novembre 1989 : la police dispersa brutalement une marche pacifique en hommage aux Tchèques tombés pendant la Seconde Guerre mondiale.

❷ Palais Adria

Le **palais Adria** (Národní třída 36), bel édifice rondocubiste, servit de siège provisoire au Forum civique, groupement constitué par Václav Havel pour représenter les contestataires et faire entendre leurs exigences. Après les événements du 17 novembre, ce fut le QG de la dissidence.

❸ Musée du Communisme

Le **musée du Communisme** (p. 94) éclaire l'histoire du communisme tchèque, mais aussi les mensonges, les privations et les humiliations qui conduisirent au soulèvement.

❹ Immeuble Melantrich

La contestation s'étendit rapidement à la **place Venceslas**. Le 24 novembre, Václav Havel et Alexander Dubček, ancien chef du parti communiste, annoncèrent à la foule la fin du régime depuis le balcon de l'**immeuble Melantrich**, (aujourd'hui un magasin Marks & Spencer).

❺ Statue de Venceslas

La **statue de Venceslas** (p. 91), en haut de la place, fut recouverte de drapeaux, d'affiches et de slogans politiques.

❻ Théâtre Činoherní Klub

Les théâtres pragois se muèrent en lieux de débats publics. Le Forum civique, mouvement contestataire, fut créé le 19 novembre au **théâtre Činoherní Klub** (Ve Smečkách 26) ; il exigea la démission immédiate des fonctionnaires communistes.

❼ Mémorial à Jan Palach

Devant le **Musée national** (p. 95), le **mémorial à Jan Palach** (p. 91), croix sertie dans le pavement, honore la mémoire de l'étudiant qui s'immola en 1969 pour protester contre la répression du "printemps de Prague" par les Soviétiques l'année précédente.

❽ Ancien bâtiment de Radio Free Europe

En haut de la place se dresse l'ancien bâtiment de **Radio Free Europe** (p. 91), radio financée par les États-Unis qui contribua à la chute du régime communiste.

Les plus belles balades

Le long de la Vltava

Itinéraire

La Vltava, qui coule au cœur de Prague, servit de muse au compositeur Bedřich Smetana, auteur du poème symphonique "Vltava" ("La Moldau"), sans doute l'une des œuvres classiques les plus connues du répertoire tchèque. Inutile cependant d'être mélomane pour se laisser charmer par la vue des superbes ponts et paysages qui jalonnent les berges en parcourant cet itinéraire centré sur la rivière.

Départ Couvent Sainte-Agnès ; M Staroměstská

Arrivée Maison qui danse ; M Karlovo Náměstí

Distance et durée 8 km ; 3 heures

Une petite pause ?

Surplombant la rivière, le Kavárna Slavia (p. 105), une adresse pleine de cachet, est tout indiqué pour un café gourmand mais pas nécessairement pour manger. Frayez-vous un chemin jusqu'à une table face au château.

SYLVAIN SONNET/GETTY IMAGES ©

Vltava et pont Charles (p. 74)

1 Couvent Sainte-Agnès

Partez du **couvent Sainte-Agnès** (p. 64), le plus vieil édifice gothique de Bohême dont la construction débuta en 1231. Il porte le nom de la princesse Agnès qui consacra sa vie aux nécessiteux et fonda le seul ordre religieux tchèque du XIIIe siècle. Le couvent serait hanté par le fantôme d'une religieuse tuée par son propre père car amoureuse d'un jeune homme.

2 Jardins de Letná

Traversez le pont Čechův (Čechův most) en profitant de la vue sur la rivière, le château et la colline de Petřín sous le soleil. Grimpez ensuite les marches jusqu'au **Métronome** et aux **jardins de Letná** (p. 127). Là, flânez à loisir dans la verdure, en contemplant la vue sur la Vieille Ville et Malá Strana.

3 Château de Prague

Après avoir profité de la vue, mettez le cap vers l'ouest (en direction du château). Le chemin conduit à l'intérieur du parc, franchit un petit pont, et pousse jusqu'au **château de Prague** (p. 24). Du haut des remparts ou depuis un banc, dans les jardins royaux, à flanc de colline et superbement entretenus, admirez sous un autre angle la Vltava et les toits ocre de Malá Strana.

4 Pont Charles

Depuis le château, redescendez tranquillement la colline jusqu'à un autre site majeur de Prague, le **pont Charles** (p. 74) dont la foule ne parvient pas à altérer la beauté. À mi-chemin du pont, essayez de trouver un coin tranquille pour admirer les alentours : les hautes tours médiévales, le château, le cours paisible de l'eau, les toits de Malá Strana et les coteaux de Petřín.

5 Île Slave

Une fois sur la berge côté Vieille Ville, tournez à droite (direction sud) : la vue ici aussi est magnifique. Pour vous rapprocher de l'eau, gagnez l'**île Slave** (p. 103). Par beau temps, vous pouvez louer une embarcation à l'extrémité de l'île. À tout moment de l'année, ce havre de paix se prête à un pique-nique ou à une petite sieste à l'ombre.

6 Maison qui danse

Continuez à longer la rivière vers le sud, jusqu'à rejoindre l'élégante et fantaisiste **Maison qui danse** (p. 103), œuvre commune de Vlado Milunić et Frank Gehry.

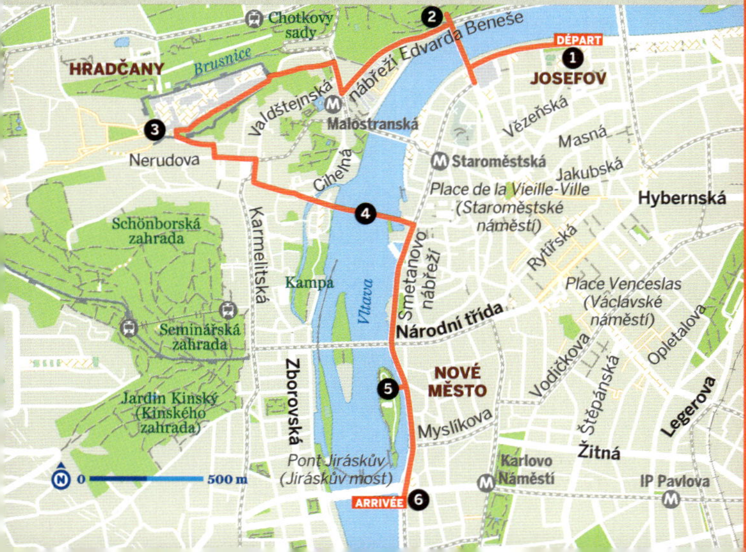

Envie de...
Bars et cafés

Dans un pays aussi gros consommateur de bière, nul ne s'étonnera que Prague ait les faveurs des amateurs de houblon. Vous y trouverez des bars ou des brasseries pratiquement à chaque coin de rue. Si les Pragois boivent traditionnellement de la bière, l'offre se diversifie avec un intérêt croissant pour le vin et la vogue des cocktails.

La bière tchèque

En matière de *pivo* (bière), les Tchèques préfèrent les *světlé* (blondes légères) aux *tmavé* (bières brunes) ; la plupart des bars servent les deux. La Pilsner Urquell est considérée comme la meilleure bière tchèque, ce qui n'empêche pas le succès de la Gambrinus, de la Budvar et de la Staropramen, brassée à Prague. Les bières tchèques sont généralement étiquetées *dvanáctka* (12°) ou *desítka* (10°) – ce qui n'indique nullement le degré d'alcool (la plupart des bières titrent à 4,5% ou 5%), mais le pourcentage de moût mélangé à l'eau. Les bières à 12°, comme la Pilsner Urquell, sont légèrement plus fortes que les bières à 10°.

Bières artisanales et bières "en cuve"

La mode de la bière artisanale a atteint la République tchèque. Elle est plus prononcée à Prague, qui compte une douzaine de bars-brasseries concoctant leurs propres bières, à savourer en général avec une bonne cuisine traditionnelle. Pour concurrencer les microbrasseries, les grands noms innovent, par exemple en fabriquant de la bière *nefiltrované* (non filtrée), et en livrant les bars avec des camions citernes en lieu et place des traditionnels fûts, à la contenance moindre. Cette bière, conservée dans de grandes cuves (*tankové pivo*), serait paraît-il plus fraîche et meilleure.

MATT MUNRO/LONELY PLANET ©

À savoir

- Au bar, les consommations sont en principe comptabilisées sur un papier à votre table ; ne le perdez pas et n'écrivez rien dessus.
- Au bar toujours, on peut généralement commander une bière sans piper mot ; à l'approche du serveur, levez le pouce pour une bière, le pouce et l'index pour 2 bières, etc.
- Pour payer, dites *zaplatím* ("Je voudrais payer").
- Il est d'usage de laisser quelques couronnes de pourboire.

MATT MUNRO/LONELY PLANET ©

Café Louvre (p. 105)

Bars et brasseries

Prague Beer Museum Non pas un musée mais un bar très apprécié, avec un choix de 30 bières pression. (p. 113)

Jáma Choix renouvelé de bières régionales et artisanales. (p. 96)

U Zlatého Tygra L'établissement où Václav Havel a emmené Bill Clinton en 1994 pour lui montrer ce qu'était un vrai bar pragois. (p. 82)

Pivovarský Dům Microbrasserie populaire, servant plusieurs bières et une cuisine tchèque correcte. (p. 105)

Café en plein air des jardins de Letná Pour une bière au grand air avec une vue splendide sur Prague. (p. 129)

U Tří růží Microbrasserie qui propose six types de lagers différents brassés sur place. (p. 82)

Bars à cocktails

Hemingway Bar Établissement douillet et sophistiqué. (p. 84)

Hoffa Bar élégant et très couru. (p. 96)

Bukowski's Repaire d'expatriés,à la fois chic et grunge. (p. 113)

Čili Bar Petit bar où le rhum est servi avec des piments hachés. (p. 84)

Tretter's New York Bar Bar à cocktails haut de gamme. (p. 66)

Bars à vins

Le Caveau Douillet bar-épicerie fine de Vinohrady servant d'excellents vins français. (p. 113)

Café Kaaba Café rétro qui vend au verre des vins du monde entier. (p. 120)

Cafés

Grand Café Orient Un bijou d'architecture cubiste pourvu d'un balcon ensoleillé (p. 82).

Café Louvre Le grand café le plus accessible de Prague possède une salle de billard (p. 105).

Kavárna Obecní dům Un café emblématique de style viennois dans un monument Art nouveau. (p. 82)

Café Savoy Un superbe café servant un copieux petit-déjeuner. (p. 50)

Cafe Kampus Café étudiant faisant également office de galerie d'art et de salle de concerts. (p. 82)

Envie de… Restaurants

Chaque année, la qualité des tables pragoises augmente. Dernière tendance en date, le "slow food" : les plats traditionnels sont revisités avec des ingrédients locaux, avec moins de graisses et de féculents. Ces dernières années, on assiste à un véritable boom de restaurants végétariens et végétaliens.

Cuisine tchèque

La cuisine tchèque à Prague est de qualité inégale. Les plats traditionnels comme le *vepřová pečeně s knedlíky* (rôti de porc et tranches de quenelles) ou le *svíčková na smetaně* (rôti de bœuf en sauce crémeuse) se révèlent tantôt insipides (comme dans de nombreux restaurants touristiques du centre), tantôt inoubliables (lorsqu'ils sont bien préparés). Autres spécialités tchèques, souvent délicieuses : le *vepřové koleno* (jarret de porc), le *kachna* (canard) et le *guláš* (goulasch), au bœuf ou au porc.

Cuisine internationale

Outre les cuisines française et italienne, les Tchèques apprécient aussi la cuisine indienne et asiatique, et la cuisine mexicaine. À l'heure où nous écrivons, les restaurants de grillades, les burgers gastronomiques et la cuisine locale revisitée sont très en vogue.

Cuisine végétarienne

Ces dernières années, une véritable révolution culinaire s'est opérée, avec la multiplication des restaurants végétariens et végétaliens. Dans les restaurants tchèques traditionnels, le choix de plats végétariens est très limité, le mieux étant d'opter pour l'omniprésent *smažený sýr* (fromage frit), servi avec une cuillerée de sauce aux airelles ou tartare.

KOJIN/SHUTTERSTOCK ©

À savoir

- Certains établissements facturent le pain et les condiments : cela doit être clairement indiqué sur la carte.
- En général, on laisse un pourboire équivalent à 10% de l'addition. Vérifiez tout de même s'il n'est pas déjà inclus.
- Évitez les restaurants de la place de la Vieille-Ville et des secteurs les plus touristiques, généralement médiocres.

PHOTO BY HANNEKE LUIJTING/GETTY IMAGES ©

Cuisine tchèque traditionnelle

Restaurants gastronomiques

V Zátiší Cuisine indienne haut de gamme et versions gastronomiques des classiques tchèques. (p. 81)

Kalina Une pointe de sophistication française à Staré Město. (p. 80)

Augustine Plats simples et ambiance à la fois raffinée et détendue. (p. 49)

Cuisine tchèque

Lokál Classiques tchèques et bière excellente dans une brasserie moderne et pimpante. (p. 64)

Kolkovna Adaptation moderne et stylée d'une taverne pragoise traditionnelle. (p. 65)

Café Louvre Café tchèque classique à la cuisine maison étonnamment bonne. (p. 105)

Vinohradský Parlament Pub tchèque version XXIe siècle. (p. 117)

Restaurants végétariens

Country Life Restaurant végétarien et toute première adresse bio de Prague, fondée en 1991. (p. 80)

Lehká Hlava Restaurant au cadre exotique, mettant l'accent sur la fraîcheur des préparations. (p. 80)

Maitrea Cuisine végétarienne et végétalienne de qualité, dans une salle très design. (p. 80)

Déjeuner rapide

Cukrkávalimonáda Ravissant café aux poutres peintes d'époque Renaissance. (p. 50)

Mistral Café Peut-être le bistrot le plus cool de la Vieille Ville. (p. 66)

Bakeshop Praha Boulangerie raffinée proche du quartier juif. (p. 65)

Envie de... Art

Au fil des siècles, entre guerres et occupations, les plus belles œuvres d'art de la ville ont été pillées. Aussi les musées, s'ils abritent à l'occasion des chefs-d'œuvre, ne peuvent rivaliser avec ceux de Vienne ou Paris. Cela dit, les collections de la Galerie nationale se distinguent par leurs œuvres d'art médiéval, baroques, et celles des premiers surréalistes et constructivistes du XXe siècle, époque où les artistes tchèques s'affirmèrent.

FULCANELLI/SHUTTERSTOCK ©

Alfons Mucha : un artiste mésestimé

Alfons Mucha (1860-1939) est probablement le représentant tchèque des arts visuels le plus célèbre. Toutefois, ayant connu la gloire à Paris, et non à Prague, sa renommée demeure plus vivace à l'étranger que dans son propre pays. Mucha est d'abord connu pour ses affiches à l'effigie de Sarah Bernhardt, mais c'était un artiste prolifique, dont le travail est visible à la cathédrale Saint-Guy (photo ci-dessus ; p. 30) et à la Maison municipale (p. 77).

Musées et galeries

Palais Veletržní Splendides collections d'art du XIXe au XXIe siècle de la Galerie nationale. (p. 124)

Palais Šternberg La collection d'art européen de la Galerie nationale comporte des œuvres de Goya et de Rembrandt. (p. 36)

Musée Mucha Belles affiches Art nouveau, tableaux et panneaux décoratifs. (p. 93)

Couvent Sainte-Agnès Collection d'art médiéval et début Renaissance, et splendeurs des panneaux peints des autels gothiques. (p. 64)

Art de rue

***Miminka* (Maman)** Des bébés partent à l'assaut de la tour de la télévision de Žižkov, par David Černý. (p. 116)

Proudy Cette autre sculpture de David Černý représente deux hommes urinant dans une flaque ayant la forme de la République tchèque. (p. 45)

Monument à Franz Kafka Une statue atypique d'un mini Franz Kafka juché sur les épaules d'un corps sans tête. (p. 64)

Réverbère cubiste C'est le seul au monde ! (p. 94)

Envie de... Musées

Quantité de musées, grands et petits, sont disséminés dans tout Prague : le refuge parfait les jours de pluie. La plupart traitent d'un thème spécifique. Hélas, nombre de collections sont présentées à l'ancienne (objets exposés sous vitrines). Récemment rénové, le Musée technique national, aux nombreuses expositions interactives, fait exception à la règle. Les enfants apprécieront.

Musée juif
Des siècles d'histoire et de traditions juives au travers de collections exposées dans la demi-douzaine de synagogues parvenues jusqu'à nous. Clou de la visite : l'ancien **cimetière juif**, et ses stèles de pierre aux contours irréguliers. (p. 58 et p. 60)

Musée Karel Zeman
Fascinant musée consacré au cinéaste tchèque pionnier des effets spéciaux. (p. 48)

Musée technique national Mise en valeur du patrimoine industriel de la République tchèque (notamment de gigantesques locomotives) par des expositions interactives. (photo ci-dessus ; p. 127)

Musée Franz Kafka Les passionnés de l'écrivain contempleront avec émotion ses documents originaux et ses photos. (p. 48)

Musée des Miniatures
Une adorable collection originale d'œuvres d'art miniatures, dont le plus petit livre au monde – moins de 1 mm de côté ! (p. 35)

Musée des Arts décoratifs Un trésor d'objets allant du XVIe au XIXe siècle, notamment du mobilier, des tapisseries, des porcelaines et des objets en verre. Le musée réouvre normalement en 2017. (p. 63)

RUS S/SHUTTERSTOCK ©

☑ À savoir

- Les mesures d'austérité ont contraint les musées à supprimer nombre de réductions. Beaucoup continuent toutefois à proposer un tarif "famille".
- La plupart des musées interdisent de prendre des photos.
- La Prague Card donne accès gratuitement ou à prix réduit à de nombreux musées. (voir p. 161).

Envie de... Histoire

RYHOR BRUYEU/GETTY IMAGES ©

L'histoire de Prague est digne d'un roman, dont les multiples personnages ont aussi bien connu les fortunes et splendeurs du Saint Empire romain que les heures sombres du bloc de l'Est. Par chance, la ville a échappé aux destructions massives de la Seconde Guerre mondiale, ce qui permet au visiteur d'admirer son château et ses églises. Tous les bâtiments ont ici une longue histoire.

Âge d'or royal

Les origines de Prague remontent au VIIe siècle. La princesse Libuše aurait alors prédit, depuis l'actuelle citadelle de Vyšehrad, qu'une grande ville verrait le jour. Elle devint réalité au XIVe siècle, lorsque Charles IV établit à Prague le siège du Saint Empire romain germanique mais les guerres entre hussites et catholiques au XVe siècle ravagèrent la Bohême. Rodolphe II de Habsbourg installa lui aussi le siège de son empire au château de Prague au XVIe siècle mais le malheur s'abattit sur la cité à la faveur de nouveaux conflits religieux au XVIIe siècle.

Réveil national

Prague dépérit sous l'occupation des Habsbourg aux XVIIe et XVIIIe siècles, jusqu'à ce que la puissance de l'industrialisation desserre l'étau de la famille royale autrichienne. Soudain apparut une nouvelle classe de Tchèques instruits qui réclamèrent la liberté culturelle, linguistique, et pour finir politique. La chance des Tchèques se présenta en 1918, avec la fin de la Première Guerre mondiale et la chute de la monarchie des Habsbourg. Cette année-là émergea une nouvelle nation, la Tchécoslovaquie, qui fit florès dans les années 1920... jusqu'à la Grande Dépression puis l'arrivée au pouvoir de l'Allemagne nazie.

Le pire et le meilleur

L'Allemagne nazie occupa la Tchécoslovaquie par vagues successives en 1938 et 1939. La répression fut d'une cruauté inouïe, et la majeure partie des juifs du pays périrent au cours de l'Holocauste. Prague fut toutefois épargnée par les destructions. À la fin de la guerre, le répit fut de courte durée car la Tchécoslovaquie passa sous le joug soviétique. Le régime communiste fut aussi brutal qu'inepte (en 1968 l'Union soviétique dut envahir sa propre alliée pour la garder sous son contrôle) et s'effondra en 1989 en même temps que le communisme en Europe de l'Est. La même année, la "révolution de Velours" initia une nouvelle ère démocratique.

Horloge astronomique (p. 73)

Âge d'or royal

Citadelle de Vyšehrad Plus ancienne fortification de Prague, et l'endroit où tout a commencé. (p. 108)

Château de Prague Siège du pouvoir tchèque depuis plus d'un millénaire. (p. 24)

Horloge astronomique Merveille de mécanique médiévale qui sonne toujours les heures. (p. 73)

Église Saint-Nicolas Apogée du baroque sous le règne des Habsbourg. (p. 47)

Réveil national

Maison municipale Chef-d'œuvre Art nouveau et d'inspiration nationale. (p. 77)

Théâtre national Construit pour être l'écrin de la musique et de l'art dramatique tchèques. (p. 105)

Histoire contemporaine

Mémorial national des victimes de la répression de Heydrich Dans l'église dans laquelle des résistants tchécoslovaques, auteurs de l'attentat contre Reinhard Heydrich, se réfugièrent pour échapper aux nazis et moururent en 1942. (p. 104)

Tour de la télévision Exemple vertigineux d'architecture soviétique, construit entre 1985 et 1992. (p. 116)

Mur John Lennon Mur couvert de graffitis à la mémoire du chanteur et de messages de paix. (photo ci-contre ; p. 45)

Envie de... Prague en famille

Comme la famille compte beaucoup pour les Tchèques, les activités à destination des enfants sont légion. Un nombre croissant de restaurants pragois se dotent d'aires de jeux et autres équipements, et beaucoup proposent un menu enfants. Et si ce n'est pas le cas, ils servent généralement des portions plus petites pour un prix inférieur.

Prague à ciel ouvert

Excellente sortie pour les enfants (et leurs parents), le zoo de Prague se situe au nord du centre, à Troja. On trouve plusieurs autres espaces verts en ville, où étendre une couverture et laisser les petits s'ébattre en toute liberté, comme le parc Stromovka. À Petřín, parc superbe au sommet de la colline, on peut interrompre momentanément les visites pour monter dans la tour de Petřín et contempler la vue magnifique sur Prague.

Au grand air

Stromovka Plus grand parc du centre de Prague, doté de nombreuses aires de jeux. (p. 128)

Zoo de Prague Il y a les animaux, mais aussi un téléphérique miniature. (p. 130)

Funiculaire de Petřín Les enfants apprécieront la promenade en funiculaire jusqu'en haut de la colline. (p. 43)

Île Slave Louez une embarcation pour un tour sur la Vltava. (p. 103)

En intérieur

Musée technique national Un must pour les ados et les parents passionnés de technologie. (p. 127)

Musée des Miniatures Les miniatures et curiosités de ce délicieux petit musée éveilleront l'imagination des petits. (p. 35)

Laterna Magika Les projections fantasmagoriques du "théâtre noir" subjugueront les enfants. (p. 106)

Mořský Svět De grands aquariums peuplés de créatures marines, installés dans le parc des expositions de Výstaviště. (p. 127)

NADEZDA MURMAKOVA/SHUTTERSTOCK ©

☑ À savoir

- En principe, les moins de 15 ans paient moitié prix (sites et attractions gratuits pour les moins de 6 ans).
- Les enfants de 6 à 15 ans paient moitié prix dans les transports en commun.

Envie de… Prague gratuit

Destination autrefois réputée bon marché, Prague a bien changé et il n'y a aujourd'hui plus guère de sites dont la visite est gratuite. Découvrir les merveilles de la ville ne vous coûtera toutefois pas une couronne : il suffit de marcher ! Son architecture, son célèbre pont, ses espaces verts, la vue sur son château… Il suffit de se laisser porter au gré des rues pavées.

Le château de Prague sans billet

L'entrée du château de Prague même, et de la cathédrale Saint-Guy, est onéreuse. Mais on oublie souvent que les jardins du site sont en accès libre. La vue sur Malá Strana et la relève de la garde, toutes les heures, constituent le clou de la visite. Concernant la relève, la démonstration la plus élaborée a lieu chaque jour à midi.

Sites gratuits

Quartier de Nový Svět Une merveilleuse alternative à la ruelle d'Or du château de Prague. (p. 36)

Colline de Petřín
L'accès au parc sur la colline est gratuit – mais pas le funiculaire : montez à pied ! (p. 42)

Horloge astronomique
On peut voir gratuitement l'horloge sonner les heures. (p. 73)

Cimetière de Vyšehrad
Ce superbe cimetière est la dernière demeure des compositeurs Smetana et Dvořák, et d'Alfons Mucha, grande figure de l'Art nouveau. (p. 109)

Jardins de Letná
La vue panoramique est gratuite, mais pas les consommations du café en plein air. (p. 127)

SOULOFBEACH/SHUTTERSTOCK ©

À savoir

- Renseignez-vous dans les offices du tourisme sur les événements culturels gratuits.
- La plupart des églises sont gratuites (sauf la cathédrale Saint-Guy, Notre-Dame-de-Lorette, la chapelle de Bethléem, l'église Saint-Nicolas à Malá Strana, et la basilique Saints-Pierre-et-Paul).
- S'il faut payer une visite guidée pour voir la Maison municipale (p. 77), son beau café Art nouveau et l'American Bar du rez-de-chaussée sont accessibles sans billet.

Envie de... Architecture

Prague doit sa splendeur à plus de mille ans d'architecture – l'essentiel de son centre historique est d'ailleurs classé au Patrimoine mondial. Si le style gothique est emblématique de la ville, quelques bâtiments romans subsistent également. Des styles postérieurs – Renaissance, baroque, néoclassicisme, Art nouveau, modernisme – s'ajoutèrent au fil du temps et des modes.

Le style des rois de Bohême

Caractérisé par des façades arrondies, des porches voûtés et des murs massifs, le roman, qui fleurit en Europe du Xe au XIIe siècle, est le style qui fut en vigueur sous les premiers rois de Bohême, et le plus ancien de la ville. Il trouve sa meilleure illustration dans les quelques églises circulaires (rotondes) encore visibles. Le gothique, qui s'épanouit entre le XIIIe et le XVIe siècle - arches en ogive, voûtes nervurées, arcs-boutants et hautes fenêtres dentelées - est le style le plus typique de Prague.

Renaissance et baroque

Montés sur le trône de Bohême au début du XVIe siècle, les Habsbourg font appel à des architectes italiens pour transformer Prague en cité royale. Ils y introduisent l'engouement d'alors pour les formes de l'Antiquité, l'obsession de la symétrie et le goût du foisonnement décoratif. Le mélange de styles local et italien engendre alors une "Renaissance bohémienne". À l'issue de la guerre de Trente Ans (1618-1648) entre catholiques et protestants, les Habsbourg se lancent dans une campagne de "reconquête catholique" du territoire tchèque. Le style baroque, avec ses colonnes de marbre, ses sculptures chargées, ses plafonds recouverts de fresques et ses riches ornementations, fut alors un outil de séduction de l'Église.

ANTONSHUTTERSTOCK/SHUTTERSTOCK ©

À savoir

- Pour en apprendre davantage sur l'architecture pragoise, inscrivez-vous à une visite guidée thématique en français comme celles proposées sur www.walkingtours.cz.
- *Petite encyclopédie de l'architecture : de l'art roman au XXIe siècle*, de Francesca Prina et Elena Demartini (Solar, 2006), passe en revue tous les grands courants architecturaux du monde occidental. Idéal pour faire le point sur ce que vous découvrirez durant votre séjour.

BRIAN_KINNEY/ADOBESTOCK ©

Cathédrale Saint-Guy (p. 30)

Néoclassique et arrivée de l'Art nouveau

Au XIXe siècle, les architectes cherchèrent à simplifier les styles et se tournèrent vers la Grèce et la Rome antique pour trouver l'inspiration. Les styles néoclassique et historiciste (qui imite des formes anciennes comme le gothique ou la Renaissance) sont étroitement liés au Réveil national tchèque et valent surtout pour ce qu'ils signifiaient alors : une façon pour les Tchèques de rivaliser avec leurs maîtres viennois. À la fin du siècle, les architectes se lassèrent du style pompeux de la Vienne impériale et trouvèrent à Paris une inspiration dans l'Art nouveau.

Édifices romans et gothiques

Rotonde Saint-Martin
Plus vieil édifice de Prague, parfait exemple d'architecture romane. (p. 109)

Cathédrale Saint-Guy
Incarnation du gothique, jusqu'à la pointe de ses flèches emblématiques. (p. 30)

Pont Charles Pont le plus célèbre de Prague, chef-d'œuvre gothique. (p. 74)

Édifices Renaissance et baroques

Église Saint-Nicolas
Mère de toutes les églises baroques de Prague. (p. 47)

Notre-Dame-de-Lorette
Lieu de pèlerinage conçu sur le modèle de l'original italien. (p. 32)

Édifices Art nouveau

Maison municipale
L'Art nouveau dans toute sa splendeur. (p. 77)

Grand Hotel Evropa
Hôtel-café à la splendeur fanée, richement décoré dans le style Art nouveau. (p. 91)

Édifices de style contemporain

Maison qui danse
La forme du bâtiment évoque un couple de danseurs. (p. 103)

Palais Veletržní
Mastodonte fonctionnaliste des années 1920. (p. 124)

Envie de... Concerts

Renommé de longue date pour ses concerts de musique classique et ses opéras, Prague propose également nombre d'événements jazz, blues et pop-rock. Les clubs de jazz accueillent surtout les talents locaux, ce qui n'exclut pas la venue occasionnelle de grands noms étrangers. La saison classique s'étend de septembre à mai : on a le choix entre cinq ou six spectacles presque chaque soir !

Opéra et musique classique

Prague peut se targuer d'avoir une longue tradition musicale classique et d'opéra. En 1787, Mozart donna ici la première de son *Don Giovanni*, pour répondre à une commande du Théâtre national de Prague suite au succès que la ville avait réservé aux *Noces de Figaro*, son opéra précédent. Au XIXe siècle, la ville était le fief de compositeurs au rayonnement européen, parmi lesquels Antonín Dvořák et Bedřich Smetana. Et aujourd'hui, elle a conservé ses magnifiques salles de jadis.

Jazz

Le jazz tchèque rayonna sur la scène européenne des années 1920 jusqu'en 1948 et parvint à survivre après l'instauration du régime communiste. Le Reduta Jazz Club (p. 106), premier club de jazz de la ville, ouvrit en 1958 à la faveur d'une période un peu plus permissive.

Pop-rock

Traditionnellement associé à la dissidence, le rock fut le porte-drapeau de l'anticommunisme dans les années 1980. De nos jours, l'engagement politique s'est effacé, et la scène musicale est tout aussi variée qu'ailleurs en Europe : hip-hop, électro, rock et metal prospèrent. Les grands concerts ont lieu tout l'été.

SUNGOD/ADOBESTOCK ©

À savoir

- Réservez vos places. Celles des grands concerts partent vite.
- Le site www.ticketpro.cz renseigne sur les concerts et spectacles à venir et permet d'acheter ses billets en ligne.
- Tenue de soirée de rigueur pour les concerts classiques et les opéras.

Rudolfinum (p. 68)

Salles de concerts classiques

Théâtre national Salle splendide consacrée à l'opéra, à l'art dramatique et au ballet classique. (p. 105)

Opéra d'État de Prague Ballets et opéras dans un magnifique bâtiment néorococo. (p. 97)

Théâtre des États Le plus vieux théâtre de Prague, où Mozart dirigea la première de *Don Giovanni* en 1787. (p. 85)

Rudolfinum La salle Dvořák accueille les concerts de l'Orchestre philharmonique tchèque, mondialement réputé. (p. 68)

Clubs de jazz et de blues

Jazz Republic Programme toutes sortes de groupes, y compris de rock et de fusion, en plus du jazz. (p. 84)

AghaRTA Jazz Centrum Concerts de grands artistes internationaux. (p. 84)

Blues Sklep Caveau de la Vieille Ville où ont lieu chaque soir des jam-sessions. (p. 85)

Reduta Jazz Club Le plus ancien club de la ville accueille amateurs de big bands et de swing. (p. 106)

Jazz Dock Au bord de la rivière, pour du blues avec vue. (p. 54)

Salles alternatives

Malostranská beseda Programmation éclectique de rockeurs tchèques à l'ancienne et de groupes qui montent. (p. 52)

Palác Akropolis Institution pragoise accueillant nombre de concerts en tout genre. (p. 121)

Cross Club Le nec plus ultra des clubs "industriels" de Prague. (p. 130)

Roxy La reine des scènes expérimentales s'ouvre à l'art, à la musique et aux performances. (p. 68)

Envie de... Shopping

SERGEY KOHL/SHUTTERSTOCK ©

Malgré ses rues bordées de boutiques, Prague ne semble pas a priori la ville rêvée pour faire du shopping. Mais en sachant où chercher, on peut trouver des souvenirs tchèques typiques de qualité : cristal et verrerie de Bohême, bijoux en grenat ou en ambre, ou encore marionnettes en bois. Et, pour changer, la liqueur tchèque, les cosmétiques artisanaux et les jouets traditionnels font aussi de beaux cadeaux.

Les boutiques des grandes enseignes internationales, de H&M à Zara, se regroupent dans le centre, dans Na Příkopě. En revanche, vous pouvez ranger votre portefeuille sur la place Venceslas (d'autant plus que des pickpockets y sévissent). Découvrez plutôt les ruelles sinueuses de la Vieille Ville et Ritzy Pařížská, que l'on compare souvent aux Champs-Élysées pour sa succession de boutiques de luxe comme Cartier, Dolce & Gabbana, Hugo Boss et Ferragamo. Dlouhá, Dušní et les rues adjacentes recèlent des boutiques originales de créateurs. Celetná, plus centrale, compte aussi quelques adresses dignes d'intérêt.

Souvenirs uniques

Botanicus Une officine très prisée vendant des cosmétiques chics et rustiques. (p. 87)

Manufaktura Artisanat tchèque et jouets en bois. (photo ; p. 86)

Art Deco Galerie Une caverne d'Ali Baba d'antiquités tchèques où chiner quand il pleut. (p. 86)

Artisanat d'art et design contemporain

Modernista Des œuvres cubistes tchèques ou Art déco côtoient une belle sélection de céramiques, bijoux, affiches et livres. (p. 86)

Moser Beaux objets en cristal de Bohême. (p. 99)

Artěl La cristallerie traditionnelle croise le design contemporain dans cette élégante boutique de Malá Strana. (p. 53)

Livres et jouets

Marionety Truhlář Une boutique insolite où trouver des marionnettes traditionnelles issues d'ateliers de tout le pays. (p. 53)

Shakespeare & Sons Plus qu'une librairie, un rendez-vous littéraire convivial où s'attarder à plaisir. (p. 53)

Houpací Kůň Jouets tchèques traditionnels de qualité. (p. 39)

Carnet pratique

Carnet pratique

Avant de partir

Quand partir

Prague

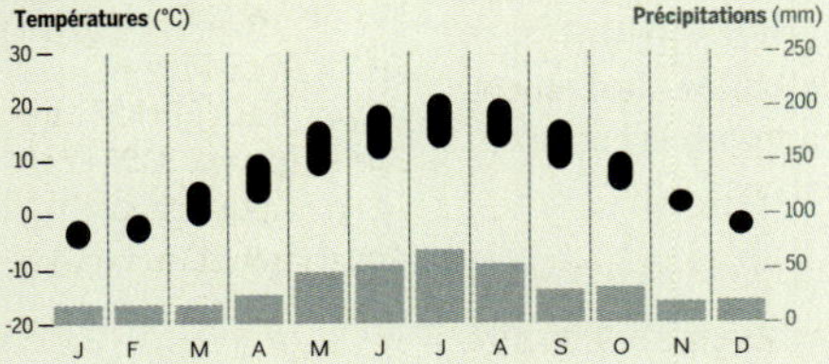

➡ Printemps (avr-juin) De nombreux touristes visitent Prague quand les parcs sont en fleurs, dès mi-avril. Hébergements pris d'assaut à Pâques et pour le Festival de musique classique du Printemps de Prague (mai).

➡ Été (juil-août) Ces mois doux et ensoleillés correspondent à la plus forte affluence touristique. Tous les sites sont ouverts.

➡ Automne (sept-oct) Les températures se rafraîchissent et les arbres de la colline de Petřín commencent à changer de couleur. Certains sites ferment le 1er octobre pour l'hiver.

➡ Hiver (nov-mars) Journées courtes et maussades, chutes de neige et tempêtes occasionnelles n'empêchent pas la cohue pour les fêtes de Noël.

Hébergement

➡ Malá Strana est très agréable, mais n'hésitez pas à chercher aussi dans des quartiers plus périphériques, comme Vinohrady, Smíchov ou Holešovice : le centre-ville est facilement accessible en transports en commun.

➡ Il peut être difficile de trouver où stationner. Si vous avez un véhicule, renseignez-vous sur les possibilités de parking auprès de votre hôtel, et évitez les hôtels de Malá Strana et de la Vieille Ville.

➡ La climatisation est inutile sauf parfois en juillet-août.

➡ Pour faire des économies, louez une chambre simple ou double en auberge de jeunesse. Nombre d'entre elles sont d'un excellent rapport qualité/prix.

➡ On trouve des affaires de dernière minute dans les hôtels haut de gamme via les sites de réservation.

Sites Internet

Hotels Prague (www.hotelsprague.cz). Les meilleurs hôtels de charme et historiques.

Topprague (www.toprague.cz). Site de réservation complet et bien organisé.

Booking.com (www.booking.com) Réservation de centaines d'hôtels à Prague.

Lonely Planet (www.lonelyplanet.fr) Adresses recommandées par nos auteurs et réservation en ligne.

Un fil d'Ariane en voyage

Vous êtes ressortissant français ? Pensez à vous enregistrer sur le **portail Ariane** (pastel.diplomatie.gouv.fr/fildariane) du ministère des Affaires étrangères. Ce service gratuit vous permet de recevoir des alertes si la situation le justifie. Crise politique, catastrophe naturelle, attentat... recevez en temps réel des consignes de sécurité lors de votre voyage.

Il existe une application pour les Smartphones et les tablettes, intitulée *Conseils aux voyageurs*.

Petits budgets

Holiday Home (☎222 512 710 ; www.holidayhome.cz ; Americká 37, Vinohrady ; s/d à partir de 1 200/1 400 Kč ; P 🚭 @ 📶 ; M Náměstí Míru). Pension familiale appréciée ; quartier calme.

Mosaic House (☎221 595 350 ; www.mosaichouse.com ; Odborů 4 ; dort/lits jum à partir de 350/2 400 Kč ; 🚭 ❄ @ 📶 ; 🚋5). À la fois hôtel quatre étoiles et auberge de jeunesse, agrémenté d'éléments design.

Czech Inn (☎réception 210 011 110, ☎réservation 210 011 100 ; www.czech-inn.com ; Francouzská 76, Vršovice ; dort 280-450 Kč, s/d 1 400/1 600 Kč, app à partir de 3 000 Kč ; P 🚭 @ 📶 ; 🚋4, 22). Excellent rapport qualité/prix et bonne ambiance.

Catégorie moyenne

NYX Prague (☎226 222 800 ; www.nyx-hotels.com ; Panská 9, Nové Město ; ch à partir de 3 000 Kč ; @ 📶 ; 🚋3, 5, 6, 9, 14, 24). Hôtel design, mais abordable, aux accents streetart.

Domus Henrici (☎220 511 369 ; www.domus-henrici.cz ; Loretánská 11 ; d/ste 2 500/3 500 Kč ; @ 📶 ; 🚋22). Calme et volupté non loin du château.

Lokál Inn (☎257 014 800 ; www.lokalinn.cz ; Míšeňská 12 ; d/ste 3 800/4 600 Kč ; 🚭 📶 ; 🚋12, 15, 20, 22). Cadre baroque et excellent restaurant, près du pont Charles.

Hunger Wall Residence (☎257 404 040 ; www.hungerwall.eu ; Plaská 8 ; app 2 pers à partir de 3 100 Kč ; 🚭 📶 ; 🚋9, 12, 15, 20). Appartements lumineux dans une résidence centrale.

Dům u velké boty (☎257 532 088 ; www.dumuvelkeboty.cz ; Vlašská 30 ; d/ste 2 160/2 850 Kč ; 🚭 📶 ; 🚋12, 15, 20, 22). Pension de charme donnant sur une place paisible.

Catégorie supérieure

Golden Well Hotel (☎257 011 213 ; www.goldenwell.cz ; U Zlaté Studně 4 ; d/ste à partir de 4 750/15 200 Kč ; P 🚭 ❄ @ 📶 ; M Malostranská, 🚋12, 15, 20, 22). Hôtel historique de luxe, sous les remparts du château.

Savic Hotel (☎224 248 555 ; www.savic.eu ; Jilská 7 ; ch à partir de 4 800 Kč ; ❄@📶 ; Ⓜ Můstek). Ancien monastère, plein de cachet.

Icon Hotel (☎221 634 100 ; www.iconhotel.eu ; V jámě 6 ; ch à partir de 3 800 Kč ; ❄@📶 ; 🚋3, 5, 6, 9, 14, 24). Hôtel design avec spa thaï.

Le Palais (☎234 634 111 ; www.lepalaishotel.eu ; U Zvonařky 1, Vinohrady ; ch à partir de 4 500 Kč, ste à partir de 6 300 Kč ; P🚭❄@📶 ; 🚋6, 11, 13). Hôtel de luxe Belle Époque.

Appartements et courts séjours

Happy House Rentals (☎224 947 623 ; www.happyhouserentals.com ; plateforme dédiée aux courts séjours www.flatsinprague.com ; Uruguayská 12, Vinohrady ; ⌚9h-18h lun-ven ; Ⓜ Náměstí Míru). Location d'appartements courte et longue durée.

Mary's Travel & Tourist Service (☎222 253 511 ; www.marys.cz ; Anny Letenské 17, Vinohrady ; ⌚9h-19h lun-ven, 10h-17h sam-dim ; Ⓜ Jiřího z Poděbrad, 🚋11, 13). Agence sympathique qui propose chambres privées, auberges de jeunesse, pensions, appartements et hôtels à Prague et dans ses environs.

Prague Apartments (☎604 168 756 ; www.prague-apartment.com). Service en ligne de location d'appartements confortables.

Stop City (☎222 521 233 ; www.stopcity.com ; Belgická 36, Vinohrady ; ⌚10h-20h ; Ⓜ Náměstí Míru). Appartements, chambres privées et pensions dans le centre-ville et dans les quartiers de Vinohrady et Žižkov.

Arriver à Prague

Aéroport de Prague-Václav-Havel

L'**aéroport international** (www.prg.aero) est à 17 km à l'ouest du centre-ville.

➡ **Bus Airport Express (AE)**. Circule entre l'aéroport et la gare principale toutes les 30 minutes de 5h à 21h30. Le billet (60 Kč) s'achète auprès du chauffeur.

➡ **AAA Radio Taxi** (www.aaataxi.cz). Taxis fiables . Comptez environ 600 Kč la course jusqu'au centre de Prague.

➡ **Bus 119**. Ce bus va jusqu'à la station de métro la plus proche, Nádraží Veleslavín (ligne A). Le trajet jusqu'au centre coûte 32/16 Kč (ticket classique tarif plein/réduit). Supplément (16 Kč) pour les bagages. Vous pouvez acheter vos billets dans le hall des arrivées.

➡ **Bus 100**. Le bus 100 permet de rejoindre la station de métro Zličín, (ligne B).

Depuis la France

➡ Prague est aisément accessible depuis Paris ou de grandes villes comme Lyon, Nantes, Nice, Toulouse ou Marseille. Au départ de Paris, la durée du vol est de 1 heure 45, et les tarifs commencent à 150 € l'aller-retour, voire 85 € sur un vol low cost en réservant bien à l'avance.

➡ **Air France** (www.airfrance.fr), **Czech Airlines** (www.czechairlines.

fr) et les compagnies low cost **Hop!** (www.hop.com), **Transavia** (www.transavia.com), **Smartwings** (www.smartwings.com/fr), **Volotea** (www.volotea.com/fr/), et **Vueling** (www.vueling.com) se partagent l'essentiel des vols directs.

Depuis la Belgique

➜ **Czech Airlines** (www.czechairlines.fr) et **Brussels Airlines** (www.brusselsairlines.com) assurent la liaison Bruxelles-Prague. Comptez à partir de 160 € A/R et 1 heure 30 de vol.

Depuis la Suisse

➜ Il est possible de rejoindre Prague depuis Genève (comptez 1 heure 30-1 heure 40) ou Zurich (1 heure 20) avec **Swiss** (www.swiss.com/ch) qui assure quelques vols directs par semaine, à partir de 190 FS.

Depuis le Canada

➜ **Air Canada** (www.aircanada.ca) programme des vols au départ de Montréal via Toronto et/ou une ville européenne comme Zurich ou Francfort ; comptez 10 à 11 heures de vol au minimum. Autre solution : passer par New York. En réservant bien à l'avance, vous pourrez décrocher un billet Toronto-Prague à 750 $C ou un New York-Prague à 650 $C. La compagnie canadienne

➜ **Air Transat** (www.airtransat.com) proposera deux vols directs par semaine au départ de Montréal à partir du printemps 2018. Compter 900 $C.

Tickets et forfaits

Les tickets sont les mêmes pour le métro, le tramway et le bus. Ils s'achètent dans les stations de métro et chez les marchands de journaux, jamais à bord. Si vous séjournez au moins une journée, il est plus simple d'acheter un forfait 1 ou 3 jours.

➜ **Ticket classique** Valable 90 minutes ; tarif plein/réduit 32/16 Kč.

➜ **Ticket trajet court** Valable 30 minutes ; tarif plein/réduit 24/12 Kč.

➜ **Ticket 1 jour** Valable 24 heures ; tarif plein/réduit 110/55 Kč.

➜ **Ticket 3 jours** Valable 72 heures ; tarif unique 310 Kč.

➜ **Ticket bagages** Pour les bagages volumineux (16 Kč).

Gare principale de Prague

➜ Pratiquement tous les trains internationaux arrivent à la gare principale de Prague, **Praha hlavní nádraží** (☎840 112 113 ; www.cd.cz ; Wilsonova 8, Nové Město ; ⏲3h30-0h30 ; Ⓜ Hlavní nádraží), reliée au reste de la ville par la ligne C du métro.

➜ Certains trains arrivent à l'autre grande gare de Prague, **Praha-Holešovice** (Nádraží Holešovice ; ☎840 112 113 ; www.cd.cz ; Vrbenského, Holešovice ; Ⓜ Nádraží Holešovice), reliée à la station Nádraži Holešovice de la ligne C du métro.

➜ Se rendre en train à Prague depuis

Paris ou Bruxelles prend beaucoup de temps (13 heures au minimum), demande des correspondances en Allemagne ou en Hongrie et n'est guère avantageux financièrement. Plus d'infos cependant sur le site de la compagnie des chemins de fer tchèque **České dráhy** (www.cd.cz). Voir également **Oui. sncf** (www.oui.sncf) et **TrainLine** (www.trainline.fr), qui permettent d'établir un itinéraire et d'acheter les billets d'un grand nombre de transporteurs européens.

Gare routière de Florenc

➡ La quasi-totalité des bus internationaux empruntent la **gare routière de Florenc** (ÚAN Praha Florenc ; ☎900 144 444 ; www.florenc.cz ; Křižíkova 2110/2b, Karlín ; 🕐5h-minuit ; 📶 ; Ⓜ Florenc), desservie par les lignes B et C du métro.

➡ Au départ de Paris, le trajet avec **Eurolines** (www.eurolines.fr) et **Flixbus** (www.flixbus.fr) coûte environ 90 euros. Flixbus assure également la liaison au départ de Bruxelles ou Genève, entre autres villes.

Eurolines ne dispose pas de ligne au départ de la Belgique mais assure des liaisons au départ de nombreuses villes suisses. Compter entre 13 et 20 heures de trajet selon votre gare et pays de départ.

Comment circuler

Prague possède un excellent **système de transports publics** (www.dpp.cz). La Vieille Ville et le quartier du Château, assez compacts, se découvrent facilement à pied.

Les temps de trajet entre les arrêts de tram sont indiqués à chaque arrêt et sur www.dpp.cz.

Métro

☑ **Idéal pour...** accéder aux principaux sites, rejoindre la gare principale ou aller en dehors des zones touristiques.

➡ Le métro circule de 5h à minuit.

➡ Les stations sont réparties en trois lignes : la ligne A (verte), entre Nemocnice Motol à l'ouest et Depo Hostivař à l'est ; la ligne B (jaune), entre Zličín au sud-ouest et Černý Most au nord-ouest ; et la ligne C (rouge) entre Háje au sud-est et Letňany au nord.

➡ Les rames sont rapides et fréquentes. Dans ce guide, nous avons indiqué les stations les plus proches de chaque site après la lettre Ⓜ.

➡ Vous devez acheter un ticket (*jízdenka* ; voir l'encadré p. 159) avant d'embarquer et le composter dans les boîtiers jaunes dans le hall de la station de métro ou dans le bus ou le tramway au départ.

Pourboire

Les Tchèques arrondissent généralement la note des bars, cafés et restaurants, et le prix de la course des taxis aux 50 ou 100 Kč supérieures. Vérifiez toutefois que le pourboire n'a pas été ajouté à l'addition (pratique assez courante, bien qu'illégale, dans les zones touristiques).

➡ Il faut des pièces de monnaie pour utiliser les distributeurs de tickets des stations de métro et des principaux arrêts de tramway. Les tickets sont aussi en vente dans les kiosques à journaux, dans certains hôtels, dans les offices du tourisme et aux guichets des stations de métro.

➡ Certaines machines permettent désormais le paiement sans contact, mais les banques étrangères prélèvent une commission élevée pour ce service.

Pour ne pas trop dépenser

➡ Pour vous rendre de l'aéroport en ville, prenez la navette puis les transports en commun plutôt que le taxi.

➡ Privilégiez la cuisine tchèque. Les bistrots offrent le meilleur rapport qualité/prix. Misez aussi sur les plats du jour le midi.

➡ La bière locale est beaucoup moins onéreuse que le vin.

➡ Ne changez pas vos espèces à l'aéroport. Utilisez plutôt les DAB pour retirer des couronnes.

➡ Votre budget ne vous permet pas de visiter les musées ? Prague est une ville magnifique, faite pour se promener.

➡ Au théâtre, les places les moins chères coûtent dans les 200 Kč.

➡ La **Prague Card** (www.praguecard.com) donne accès gratuitement ou à prix réduit à environ 50 sites et comprend les transports. Disponible en ligne ou dans les bureaux de Prague City Tourism (voir p. 164).

Taxi

☑ **Idéal pour...**
Les trajets tard le soir pour rentrer à l'hôtel, l'aéroport et, si vous êtes en retard, pour une représentation ou un spectacle.

➡ Les taxis pragois n'ont pas vraiment bonne réputation. Si le chauffeur ne met pas son compteur en marche, prenez un autre taxi.

➡ Repérez les stations "Taxi Fair Place" dans les zones touristiques, garants de prix et de conducteurs honnêtes. Les chauffeurs sont tenus de donner une estimation du prix de la course avant de partir.

➡ En centre-ville, une course coûte de 150 à 200 Kč ; pour se rendre en banlieue, comptez 450 Kč maximum, et de 600 à 700 Kč pour l'aéroport.

D'après notre expérience, les radio-taxis suivants sont fiables et honnêtes.

AAA Radio Taxi (☎ 14014, 222 333 222 ; www.aaataxi.cz)

Halo Taxi (☎ 244 114 411 ; www.halotaxi.cz)

ProfiTaxi (☎ 14015 ; www.profitaxi.cz)

Tramway et bus

☑ **Idéal pour...**
Itinéraires touristiques, sites éloignés du métro et voyageurs ayant des difficultés à marcher. Par ailleurs, un trajet en tramway constitue un grand classique à Prague.

➡ Les lignes de tramway les plus utiles aux touristes sont la 22 (château de Prague, Malá Strana et pont Charles), les 17 et 18 (quartier juif et place de la Vieille-Ville) et la 11 (Žižkov et Vinohrady).

➡ Les services réguliers de tramway et de bus (voir www.dpp.cz pour les cartes et les horaires) circulent entre 5 h et minuit. De nuit, les tramways numérotés de 91 à 99 et des bus 901 à 915 prennent le relais.

➡ La station Lazarská, à Nové Město, est la station de correspondance pour les lignes de nuit. Mieux vaut vérifier où se situe votre hôtel par rapport à ces services si vous rentrez tard.

➡ Peu de stations de bus ou de tramway vendent des tickets. Si vous utilisez des tickets à l'unité, achetez-en d'avance dans une station de métro ou à un kiosque à journaux.

Vélo

☑ **Idéal pour...** Profiter du paysage et se déplacer sans polluer.

La situation à Prague s'est améliorée pour les cyclistes ces dernières années malgré les pavés, les côtes et les rails de tramway. Des circuits fléchés ont même récemment été mis en place (repérez la signalisation jaune).Pour louer un vélo ou faire des visites guidées, adressez-vous aux agences suivantes (attention la plupart ferment en hiver) :

Praha Bike (☎732 388 880 ; www.prahabike.cz ; Dlouhá 24, Staré Město ; location 590 Kč/jour, circuit à partir de 640 Kč/pers ; ⏲9h-20h ; Ⓜ Náměstí Republiky). Tandems disponibles et mise à disposition du vélo à l'endroit voulu moyennant un petit supplément. Dans la Vieille Ville.

City Bike Prague (☎776 180 284 ; www.citybike-prague.com ; Králodvorská 5, Staré Město ; location à partir de 530 Kč/jour, circuits 590-1 050 Kč/pers ; ⏲9h-19h avr-oct ; Ⓜ Náměstí Republiky). Situé dans la Vieille-Ville ; grand choix de vélos et circuits.

Biko Adventures Prague (☎733 750 990 ; www.bikoadventures.com ; Vratislavova 3, Nové Město ; location standard 450 Kč/jour, circuits en groupe à partir de 1 300 Kč/pers ; ⏲9h-18h avr-oct ; 🚋2, 3, 7, 17, 21). Circuits adaptés à tous les niveaux.

Infos pratiques

Ambassade et consulats

Ambassade de Belgique (☎257 533 525 ; urgence ☎602 308 434 ; www.diplomatie.be/prague/ ; Valdštejnská 6, Malá Strana ; Ⓜ Malostranská)

Ambassade du Canada (☎272 101 800 ; urgence ☎+1 613 996 8885 ; www.canadainternational.gc.ca ; Ve struhách 95/2, Bubeneč ; 🚌131, arrêt Nemocnice Bubeneč)

Ambassade de France (☎251 171 711 ; urgence ☎721 968 888 ; www.france.cz ; Velkopřevorské náměstí 2, Malá Strana ; 🚋12, 15, 20, 22, 23 arrêt Hellichova ou Malostranské Naměstí)

Ambassade de Suisse (☎220 400 611 ; urgence ☎+41 800 24 7 365 ; www.eda.admin.ch/prag ;

Pevnostní 7, Dejvice ; 1, 2, 25, 96, 97, 41 arrêt Vozovna Střešovice)

Argent

☑ **Conseil** Méfiez-vous des bureaux de change privés qui affichent des taux alléchants – qui ne s'appliquent en réalité qu'aux grosses sommes. Préférez les grandes banques.

➡ Les cartes de crédit sont communément acceptées. Les DAB sont nombreux et acceptent les principales cartes internationales.

➡ La couronne tchèque (Koruna česká, ou Kč) se divise en 100 hellers (h), pièces minuscules qui ne sont plus en circulation. Les prix sont parfois indiqués en subdivisions de couronnes. Dans ces cas-là, le total est arrondi à la couronne supérieure.

➡ Gardez de la monnaie pour les toilettes publiques et les billetteries du métro et du tramway.

➡ Lors de nos recherches, 100 Kč s'échangeaient contre 3,90 €, 4,52 FS ou 5,77 $C. Consultez www.xe.com pour des taux de change actualisés.

Électricité

Type E
220 V/50 Hz

Handicapés

Prague et la République tchèque sont à la traîne en ce qui concerne l'accessibilité aux personnes handicapées, mais la Société des Transports publics de Prague aménage actuellement toutes les gares et stations pour les rendre accessibles en fauteuil roulant. Plus d'infos sur www.dpp.cz.

➡ **Organisation des usagers en fauteuils roulants de Prague** (Pražská organizace vozíčkářů ; Plan p. 62, E3 ; 224 826 078 ; www.pov.cz ; Benediktská 6 ; 9h-16h lun-jeu, 9h-15h ven ; M Náměstí Republiky). Œuvre à la promotion de bâtiments sans obstacle et à l'amélioration des conditions des handicapés.

➡ L'**Union des malvoyants tchèques** (Sjednocená Organizace Nevidomých a Slabozrakých v ČR ; Plan p. 102, E2 ; 221 462 462 ; www.sons.cz ; Krakovská 21, Nové Město ; 9h-12h et 14h-16h30 lun ; M Muzeum). Représente les aveugles et malvoyants, et fournit des informations (mais pas de services).

➡ Le site Internet, **Accessible Prague** (www.accessibleprague.com) propose conseils adaptés et services.

➡ En France, l'**APF** (Association des paralysés de France ; 01 40 78 69 00 ; www.apf.asso.fr ; 17 bd Auguste-Blanqui, 75013 Paris) et le collectif d'associations **Séjours adaptés** (www.sejoursadaptes.fr) peuvent fournir des informations utiles.

Heures d'ouverture

Banques 8h-16h30 lun-ven

Bars 11h-minuit ou plus

Poste principale (Jindřišská 14, Nové Město) 2h-minuit

Magasins 8h30-20h lun-ven, 8h30-18h sam-dim

Restaurants 10h-23h, mais les cuisines ferment souvent vers 22h

Jours fériés

Les banques, les grands magasins et certaines boutiques ferment les jours fériés. Les restaurants, musées et sites touristiques restent le plus souvent ouverts toute l'année. Renseignez-vous tout de même.

Nouvel An 1er janvier

Lundi de Pâques mars/avril

Fête du Travail 1er mai

Fête de la Libération 8 mai

Saints-Cyrille-et-Méthode 5 juillet

Martyre de Jan Hus 6 juillet

Fête nationale 28 septembre

Jour de l'Indépendance 28 octobre

Jour de la lutte pour la liberté et la démocratie 17 novembre

Veille de Noël (Jour de la Générosité) 24 décembre

Noël 25 décembre

Saint-Étienne 26 décembre

Offices du tourisme

L'office du tourisme officiel est **Prague City Tourism** (www.praguecitytourism.cz). Ses bureaux sont très pratiques pour se procurer plans et informations d'ordre général, et plus encore pour se tenir au courant de l'agenda culturel. Son principal **site Internet** (www.prague.eu), traduit en plusieurs langues, dont le français, est une mine de renseignements sur la ville.

Prague City Tourism – Aéroport (☎221 714 714 ; www.prague.eu ; Terminaux 1 et 2, aéroport de Prague-Václav-Havel, Ruzyně ; ⏲8h-20h ; 🚌100, 119)

Prague City Tourism – Na Můstku - Rytířská (Plan p. 76, C3 ; ☎221 714 714 ; www.prague.eu ; Rytířská 12, Staré Město ; ⏲9h-19h ; M Můstek)

Prague City Tourism – place de la Vieille-Ville (Plan p. 76, C2 ; ☎221 714 714 ; www.prague.eu ; Staroměstské náměstí 5, ancien hôtel de ville ; ⏲9h-19h ; M Staroměstská)

Prague City Tourism – Václavské náměstí (Plan p. 92, C3 ; ☎221 714 714 ; www.prague.eu ; Václavské náměstí, croisement Štěpánská ; ⏲10h-18h ; M Můstek)

Sécurité

Il y a peu de criminalité à Prague, mais les pickpockets et autres auteurs de menus larcins continuent de sévir, en particulier dans les zones touristiques. En cas de vol, portez plainte au plus tôt auprès du commissariat le plus proche. Si vous avez du mal à vous faire comprendre, adressez-vous au **bureau de police** (☎974 851 750 ; Jungmannovo náměstí 9 ; M Můstek) situé près de la place Venceslas, ils disposent d'interprètes.

Pensez bien à conserver tous les documents dont vous aurez besoin pour vous faire rembourser par votre assurance.

Pour la perte ou le vol d'un passeport, les ambassades sont normalement en mesure de fournir sur-le-champ de nouveaux documents de voyage.

Téléphone

➡ La République tchèque utilise le système GSM 900, compatible avec les téléphones portables européens, mais pas avec le système nord-américain.

➡ Il arrive que les portables américains qui utilisent le système GSM 1900/900 puissent fonctionner ; vérifiez auprès de votre opérateur.

Indicatif téléphonique

➡ Pour appeler Prague depuis l'étranger, faites le ☎00 420, (indicatif international + indicatif de la République tchèque) ou le ☎011 420 depuis le Canada.

➡ Pour appeler l'étranger depuis Prague, composez le ☎00 (indicatif international) puis l'indicatif du pays (☎33 pour la France, ☎32 pour la Belgique, ☎41 pour la Suisse et ☎1 pour le Canada) suivi du numéro de votre correspondant.

➡ Les numéros de téléphone tchèques comportent 9 chiffres, qu'il faut tous composer pour les appels locaux ou longue distance.

Smartphone

➡ Un smartphone est pratique pour accéder au Wi-Fi, même sans forfait spécial.

➡ Pensez à couper l'itinérance des données afin de ne pas payer ce service inutilement.

➡ Si vous prévoyez d'appeler, contactez votre opérateur afin d'opter temporairement pour une option internationale adaptée à vos besoins.

Toilettes

Les toilettes publiques sont gratuites dans les salles de concerts et les musées gérés par l'État. Ailleurs, notamment dans les stations de métro et dans les gares routière et ferroviaire, leur utilisation coûte environ 10 Kč. Les toilettes hommes sont indiquées par *muži* ou *páni*, les toilettes femmes par *ženy* ou *dámy*.

Urgences

Police municipale (☎156)

Police nationale (☎158)

Pompiers (☎150)

Urgences médicales (☎155)

Numéro d'urgence universel européen (☎112)

Visa

Les citoyens des pays de l'UE et les ressortissants suisses n'ont pas besoin d'un visa pour visiter la République tchèque ; carte d'identité ou passeport valides suffisent. Les ressortissants canadiens peuvent séjourner 90 jours dans le pays sans visa. Si le séjour excède 30 jours, tout étranger doit toutefois s'enregistrer auprès de la Police des étrangers de la région où il réside.

Langue

Le tchèque appartient à la famille occidentale des langues slaves. Sa prononciation n'est pas facile car certains sons n'existent pas en français. Parmi les particularités du tchèque assez difficiles à maîtriser pour un francophone, on trouve le *ř* (un "r" roulé suivi d'un "j" comme dans "large") ou encore la succession de mots sans voyelles. En revanche, cette langue se parle généralement comme elle s'écrit et chaque lettre a toujours le même son si bien qu'on peut se familiariser avec sa prononciation rapidement.

Avec un peu de pratique et en lisant la prononciation indiquée au regard de chaque mot comme s'il s'agissait du français, vous arriverez à vous faire comprendre. Veillez à accentuer la première syllabe des mots, indiquée en italique dans ce chapitre, et à prononcer chaque voyelle coiffée d'un accent plus longuement. Le masculin et le féminin sont signalés par m/f.

Expressions courantes

Bonjour/Bonsoir.
Dobrý den. — *do*·bri·den
Dobrý večer. — *do*·bri·*ve*·tcher

Bonjour/Salut.
Ahoj. — *a*·hoy

Au revoir.
Na shledanou. — *na*·skhlé·da·noou

Excuse(z)-moi.
Promiňte. — *pro*·min'·té

Désolé(e).
Promiňte. — *pro*·min'·té

S'il vous (te) plaît.
Prosím. — *pro*·sîm

Merci.
Děkuji. — *dyé*·kou·yi

Oui./Non.
Ano./Ne. — *a*·no/*né*

Parlez-vous anglais ?
Mluvíte anglicky? — *mlou*·vî·te *an*·glits·ki

Je ne comprends pas.
Nerozumím. — *né*·ro·zou·mîm

Au restaurant

Je suis végétarien(ne).
Jsem vegetarián/ vegetariánka. — ysem *ve*·ge·ta·ri·aan/ *ve*·ge·ta·ri·aan·ka

Santé !
Na zdraví! — na *zdra*·vî

C'était délicieux !
To bylo lahodné! — to *bi*·lo *la*·hod·nê

L'addition s'il vous plaît.
Prosím přineste účet. — *pro*·sîm *prjhi*·nes·te *oû*·tchet

Je voudrais ..., s'il vous plaît. (m/f)
Chtěl/Chtěla bych ..., prosím. — Chtyél/*Chtyé*·la biRh ... *pro*·sîm

une table pour (deux)	*stůl pro (dva)*	stoul pro (dva)
ce plat	*ten pokrm*	ten *po*·krm
la carte des boissons	*nápojový lístek*	*na*·po·yo·vî *lîs*·tèk

Shopping

Je cherche...
Hledám ... — *hlé*·dám ...

Combien est-ce que ça coûte ?
Kolik to stojí? — *ko*·lik to *sto*·yî

C'est trop cher.

To je moc drahé.	to yé mots *dra*·hê

Pouvez-vous faire un prix ?

Můžete mi snížit cenu?	*mou*·jé·te mi *snî*·jit *tsé*·nou

Urgences

Au secours !

Pomoc!	*po*·mots

Appelez un médecin !

Zavolejte lékaře!	*za*·vo·ley·té *lê*·ka·rjé

Appelez la police !

Zavolejte policii!	*za*·vo·ley·té *po*·li·tsi·yi

Je suis perdu(e). (m/f)

Zabloudil/ Zabloudila jsem.	*za*·bloou·dyil/ *za*·bloou·dyila ysem

Je suis malade. (m/f)

Jsem nemocný/ nemocná.	ysem *né*·mots·nî/ *né*·mots·na

Où sont les toilettes ?

Kde jsou toalety?	gdé isoou *toua*·le·ti

Heure et chiffres

Quelle heure est-il ?

Kolik je hodin?	*ko*·lik yé *ho*·dyin

Il est (1) heure.

Je jedna hodina.	yé *yéd*·na *ho*·dyi·na

À quelle heure ?

V kolik hodin?	f *ko*·lik *ho*·dyin

matin	*ráno*	*ra*·no
après-midi	*odpoledne*	*ot*·po·lèd·né
soir	*večer*	*ve*·tcher
hier	*včera*	*ftche*·ra
aujourd'hui	*dnes*	dnes
demain	*zítra*	*zî*·tra

1	*jeden*	*yé*·den
2	*dva*	dva
3	*tři*	trji
4	*čtyři*	*tchti*·rji
5	*pět*	pyét
6	*šest*	chést
7	*sedm*	*sé*·dm
8	*osm*	*o*·sm
9	*devět*	*dé*·vyét
10	*deset*	*dé*·sét

Transports et orientation

Où est ... ?

Kde je ...?	gdé yé ...

Quelle est l'adresse ?

Jaká je adresa?	*ya*·ka yé *a*·dre·sa

Pouvez-vous me montrer (sur la carte) ?

Můžete mi to ukázat (na mapě)?	*mou*·jé·té mi to *ou*·ka·zat (na *ma*·pé)

Un billet pour ..., s'il vous plaît.

Jízdenku do ..., prosim.	*yîz*·dèn·kou do ... *pro*·sîm

À quelle heure part le bus/le train ?

V kolik hodin odjíždí autobus/vlak?	f *ko*·lik *ho*·dyin *od*·yîj·dyî *ao*·to·bous/vlak

Arrêtez-vous ici, s'il vous plaît.

Prosím vás zastavte.	*pro*·sîm vas *zas*·tahf·té

Je voudrais un taxi.

Potřebuji taxíka.	*pot*·rjé·bou·yi *tak*·sî·ka

Ce taxi est-il libre ?

Je tento taxík volný?	yé *ten*·to *tak*·sîk *vol*·nî yé

En coulisses

Vos réactions ?

Vos commentaires nous sont très précieux pour améliorer nos guides. Notre équipe lit vos lettres avec la plus grande attention et prend en compte vos remarques pour les prochaines mises à jour. Pour nous faire part de vos réactions, prendre connaissance de notre catalogue et vous abonner à notre newsletter, consultez notre site Internet : **www.lonelyplanet.fr**

Nous reprenons parfois des extraits de notre courrier pour les publier dans nos guides ou sites web. Si vous ne souhaitez pas que vos commentaires soient repris ou que votre nom apparaisse, merci de nous le préciser.

À nos lecteurs

Merci à tous les voyageurs qui ont utilisé la dernière édition de ce guide et qui nous ont écrit pour nous faire part de leurs conseils, de leurs suggestions et de leurs anecdotes :

Ahliddin Gaffar et Roderick Henderson

Un mot des auteurs

Mark Baker

Merci à mes éditeurs de Lonely Planet, à mon coauteur Neil Wilson et à mes nombreux contacts dans ma ville d'adoption, parmi lesquels Kateřina Pavlitová de prague.eu, Irena Dudová, Zuzi et Jan Valenta de tasteofprague.com, Iva Roze Skochová, Petr Kučera et "Karim" de pragulic.cz.

Neil Wilson

Mes remerciements vont à Jan Valenta de tasteofprague.com, Bogdan et Irina, Alena Volpakova, Kraig et Lisa, Carol, ainsi qu'à mon collègue Mark Baker.

Crédits photographiques

Photographie de couverture : Pont Charles, Prague, Pietro Canali /4Corners©
Photographie p. 4-5 : Pont Charles, Prague, Pyty/Shutterstock©

À propos de cet ouvrage

Cette 5e édition du guide *Prague En quelques jours* est une traduction-adaptation de la 5e édition de *Pocket Prague*, préparée par Marc Di Duca et mise à jour et rédigée par Mark Baker et Neil Wilson. La précédente édition avait été rédigée par Mark Baker.

Traduction
Giuseppe Ardiri

Direction éditoriale
Didier Férat

Coordination éditoriale
Émeline Marx

Responsable prépresse
Jean-Noël Doan

Maquette
Sébastienne Ocampo

Cartographie
Caroline Sahanouk

Couverture Adaptée en français par Laure Wilmot

Merci à Sarah Arfaoui pour son travail de préparation du manuscrit, Jacqueline Menanteau pour sa relecture attentive du texte et Dominique Spaety pour son aide indéfectible.

Index

Reportez-vous aussi aux index :

Se restaurer p. 171
Prendre un verre p. 171
Sortir p. 172
Shopping p. 172

Se restaurer

Prendre un verre

Sortir

Shopping

Les auteurs

Marc Di Duca

Auteur de voyage depuis une décennie, Marc a travaillé sur de nombreux guides pour Lonely Planet, notamment la Sibérie et le transsibérien, la Slovaquie, la Bavière, l'Ukraine, la Croatie, et a rédigé et mis à jour des dizaines de guides d'autres éditeurs. Marc vit entre Sandwich, dans le Kent et Mariánské Lázně, en République tchèque, avec sa femme et ses deux garçons.

Mark Baker

Rédacteur de voyage free-lance, Mark a un penchant pour les histoires atypiques et les lieux insolites. Americain d'origine, aujourd'hui installé dans la capitale tchèque, il écrit principalement sur l'Europe centrale et l'Europe de l'Est pour Lonely Planet et d'autres grands éditeurs de voyage.

Neil Wilson

Né en Écosse, où il a vécu une grande partie de sa vie, Neil est rédacteur à plein temps depuis 1988. Basé à Perthshire, il a travaill notamment sur l'Écosse, l'Angleterre, l'Irlande et Prague pour Lonely Planet, et sur plus de 80 guides pour divers éditeurs. Neil pratique régulièrement la randonnée, le VTT, la voile, le snowboard, la pêche à la mouche et l'escalade, sur quatre continents.

Prague en quelques jours
5e édition (mars 2018)
Traduit et adapté de l'ouvrage *Pocket Prague, 5th edition, November 2017*

Dépôt légal Mars 2018
ISBN 978-2-81617-045-0

Imprimé par CGS sp z.o.o en Pologne
Réimpression 03, décembre 2019

En Voyage Éditions | un département édi8